4/10 S

5/10 S

6/10 S

7/10 S

8/10 S

9/10 S

Alle hier abgebildeten Fotografien sind Vintage-Prints aus der Entstehungszeit. Das Bildmaß ist als Höhe × Breite angegeben. Sie befinden sich im Dresdner Kupferstich-Kabinett.

/

All photographs reproduced here are vintage prints from the date of origin. The size is specified as height × width. They are preserved in the Dresden Kupferstich-Kabinett.

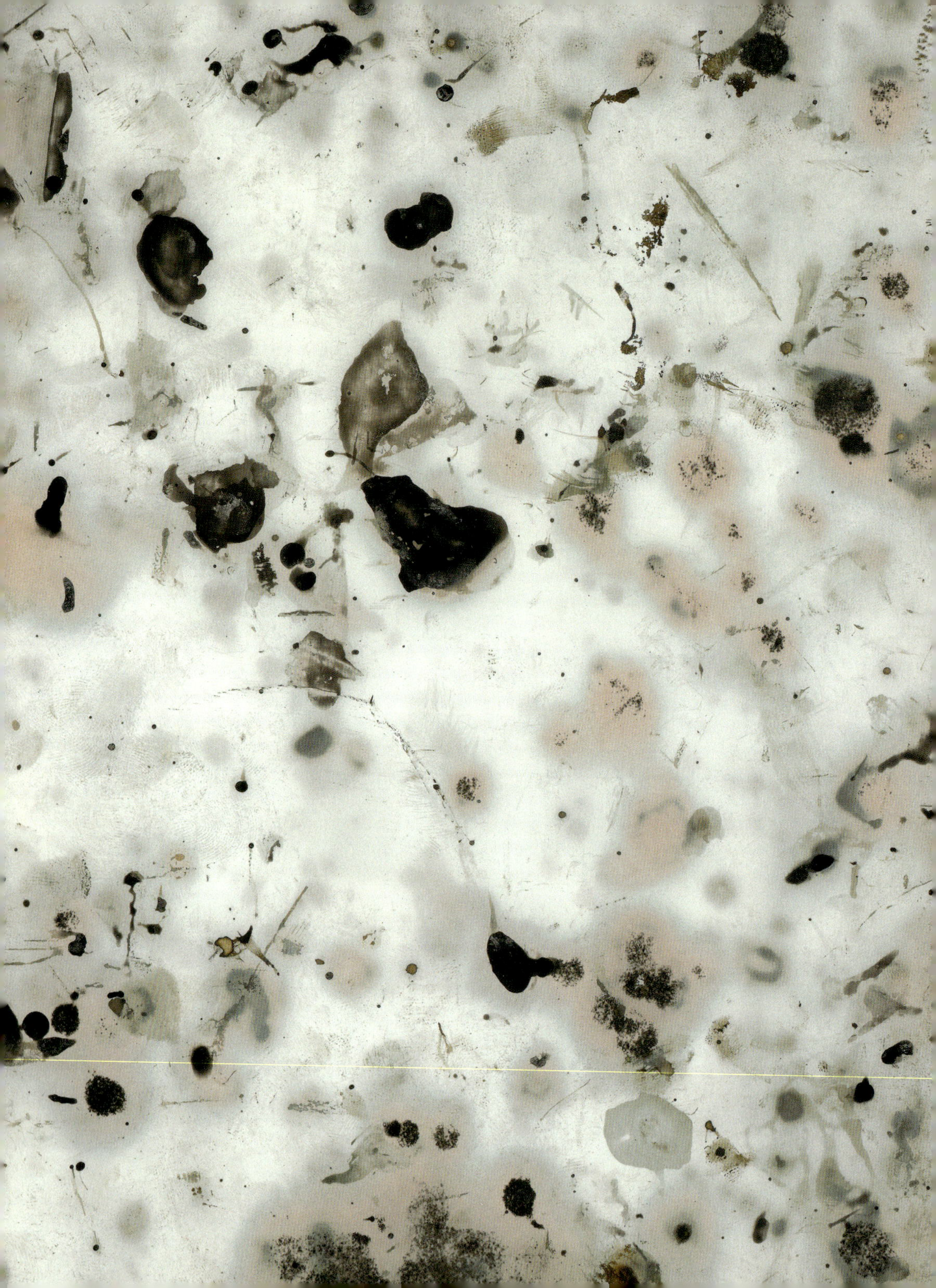

Timm Rauterts *Bildanalytische Photographie* darf als ein Hauptwerk der deutschen Fotografie der 1960er und 1970er Jahre gelten. Noch während seines Studiums bei Otto Steinert an der Folkwangschule für Gestaltung in Essen begann Rautert mit der Arbeit an diesem Zyklus, den er später auch „Grammatik" nannte. Diese Bezeichnung dient als Ausgangspunkt für unsere Beschäftigung mit Rauterts fotografischen Untersuchungen.

Es ist ein Glücksfall, dass die Werkgruppe 2014 von den Staatlichen Kunstsammlungen Dresden erworben werden konnte. Mit dem dauerhaften Eingang in die Sammlung des Kupferstich-Kabinetts mit seinen reichen Beständen an Druckgrafik erhält sie einen neuen materiellen und diskursiven Kontext, der hier in exemplarischen Gegenüberstellungen mit druckgrafischen Arbeiten erkundet wird.

Ausstellung und Katalog sind Ausdruck einer wundervoll konzentrierten und kreativen Zusammenarbeit. Für langjährige Förderung sei der Alfried Krupp von Bohlen und Halbach-Stiftung gedankt. Ihr Programm *Museumskuratoren für Fotografie* unterstützt wesentlich die Arbeit mit unserer Sammlung und hat mit Linda Conze eine hervorragende Kollegin ans Kupferstich-Kabinett gebracht, die das Projekt gemeinsam mit der Fotografin Rebecca Wilton äußerst fokussiert und mit großem Enthusiasmus kuratorisch erarbeitete. Auch Svenja Paulsen half als Krupp-Stipendiatin engagiert bei der Realisierung. Allen MitarbeiterInnen des Kupferstich-Kabinetts und der Staatlichen Kunstsammlungen sei herzlich gedankt, besonders Wiebke Schneider und Matthias Herbst, in deren Händen die restauratorische Betreuung und der Ausstellungsaufbau lagen, Herbert Boswank und Andreas Diesend für die Reproduktionen der Werke, sowie Björn Egging und Bertram Kaschek für wertvolle Gespräche.

Eine gelungene Zusammenarbeit für die Ausstellung sowie für die Publikation entstand mit den Gestaltern des Büros arc, Joachim Bartsch, Timo Grimberg und Toni Schönbuchner. Für die Realisierung der Publikation danken wir Jan Wenzel von Spector Books. Die umfangreichen Recherchen zur *Bildanalytischen Photographie* wären ohne die unermüdliche Hilfe von Nicole Dierolf, Timm Rauterts wissenschaftlicher Assistentin, nicht möglich gewesen. Größter Dank gilt schließlich Timm Rautert, der mit analytischem Geist Fotografien von großer Klarheit und subtilem Humor geschaffen hat.
Stephanie Buck

Timm Rautert's *Bildanalytische Photographie* [Image-Analytical Photography] may be considered one of the seminal works of German photography in the 1960s and 1970s. Rautert commenced work on this cycle, which he later called "grammar," during his studies with Otto Steinert at the Folkwang School of Design in Essen. This designation serves as a starting point for our engagement with Rautert's photographic investigations.

It was a stroke of luck that allowed the group of works to be acquired by the Staatliche Kunstsammlungen Dresden in 2014. With their permanent placement in the collection of the Kupferstich-Kabinett and its rich holdings of prints, the photographs have received a new material and discursive context. Here, they will be explored in juxtapositions with graphic works.

The exhibition and catalog are an expression of a highly focused and creative collaboration. We acknowledge the Alfried Krupp von Bohlen and Halbach Foundation with gratitude for their many years of support. Their program *Museum Curators for Photography* substantially supports the work with our collection and brought our excellent colleague Linda Conze to the Kupferstich-Kabinett, who, together with photographer Rebecca Wilton, lent focus to the project and worked with great curatorial enthusiasm. As a Krupp fellow, Svenja Paulsen also aided in the realization of the exhibition and the editing of the catalog. All staff of the Kupferstich-Kabinett and the Staatliche Kunstsammlungen is gratefully acknowledged, especially Wiebke Schneider and Matthias Herbst, who were in charge of conservation and exhibition construction, Herbert Boswank and Andreas Diesend, for the reproduction of the works, as well as Björn Egging and Bertram Kaschek for their valuable input.

A successful collaboration for the exhibition, as well as the publication, originated with Joachim Bartsch, Timo Grimberg, and Toni Schönbuchner, the designers at Büro arc. We thank Jan Wenzel at Spector Books for the realization of the publication. The extensive research for *Bildanalytische Photographie* would not have been possible without the tireless help of Nicole Dierolf, Timm Rautert's research assistant. Finally, we are most grateful to Timm Rautert, who, with an analytical spirit, succeeded in creating photographs of great clarity and sophisticated wit. Stephanie Buck

Der Konjunktiv der Fotografie

Linda Conze
Rebecca Wilton

Timm Rauterts *Bildanalytische Photographie,* entstanden in den Jahren 1968 bis 1974, führt uns grundlegend die Bedingungen fotografischen Arbeitens vor Augen: von der Aufnahme über das Entstehen des Bildes unter dem Vergrößerungsgerät im Labor bis hin zu unterschiedlichen Möglichkeiten der Präsentation. Ein planvoll ausgearbeitetes Ensemble analoger Schwarzweiß- und Farbfotografien, Bild-Text-Kompilationen, von Bedienungsanleitungen und Versatzstücken fotografischen Materials provoziert elementare Fragen, was Fotografie als Medium bedeutet, was von ihr erwartet wird und wie sie die Wahrnehmung von Welt aktiv mitgeprägt hat und heute mehr denn je prägt. Unter den 56 Einzelarbeiten finden sich sowohl szenenhafte Schwarzweiß-Fotografien, Passbildfotos, Laborexperimente, Kombinationen von ausgewählten Fotoabzügen mit ihren Negativstreifen, aber auch nicht-fotografisches Material wie eine (hauptsächlich im Fotostudio zur Lichtmessung verwendete) Graukarte, Postkarten sowie grafische Bedienungsanleitungen. Es ist auffällig, dass hier viele der Fotografien in einen direkten Zusammenhang mit Sprache gestellt werden. In, an und neben vielen Bildern tauchen Textelemente auf, wenn auch oftmals sehr knapp gehalten. Das können technische Angaben sein, aber auch konkrete Bezeichnungen oder „Statements", bis hin zu einem abfotografierten vierseitigen, handgeschriebenen Brief. Jedes einzelne Exponat wird zu einem Element der „Analyse", die die vielfältigen Möglichkeitsräume der Fotografie aufzeigt.
Rautert hat die Werkgruppe schon früh als „Grammatik" der Fotografie bezeichnet – auf den ersten Blick ein einleuchtender Begriff in der Zurschaustellung und Vorführung fotografischer Vorgänge und Wirkweisen. Kann es aber im strengen Sinne eine „Grammatik der Fotografie" geben? Es lohnt, in diesem Zusammenhang zunächst den Begriff der Grammatik selbst in den Blick zu nehmen. In erster Linie beschreibt er eine Sprachlehre, ein Koordinaten- und Orientierungssystem – ein auf Konvention gründendes (also durchaus wandelbares) Regelwerk, mit dem Sprache erlernt, beherrscht und eben auch analysiert werden kann.

Der Parallelsetzung folgend würde also die Fotografie der Sprache entsprechen. Man könnte sämtliche vorformulierte Varianten und Möglichkeiten erproben und sich der verschiedenen „Fälle“ und „Modi“ vergewissern. So naheliegend und verführerisch die Verwendung des Begriffs „Grammatik“ auf der Suche nach greifbaren Umschreibungen des Verstehens und Erfassens von Bildern erst einmal scheint,[1] lässt sich doch ein Einwand geltend machen, der gleichzeitig zu einem Kern der *Bildanalytischen Photographie* führt. Eine Grammatik bildet das konkrete Bezugssystem zur jeweiligen Sprache, „in dem Sinne, in dem etwa alle englischen Texte vom System der englischen Sprache abhängen“.[2] Ließe sich dieses eine Bezugssystem für die Fotografie entsprechend herstellen und bedürfte es dazu nicht der überholten Annahme der Fotografie als „Universalsprache“[3]?

Anstatt also den Begriff der „Grammatik“ mit dem ihr eigenen Ziel klarer, konkreter und anwendbarer Definitionen heranzuziehen, scheint es vielmehr aufschlussreich, sich um die *Bedeutung* von Begriffen zu kümmern.[4] Werden beispielsweise Abzüge desselben Negativs unterschiedlich belichtet, so fassen deren Beschreibungen als „dunkler“ oder „heller“ bei Weitem nicht die jeweilige Veränderung des Bildes in seiner Wirkungsweise. Hier nähern wir uns der Idee von Versuchsanordnungen, die einen Großteil der *Bildanalytischen Photographie* begleiten. Alle 56 Exponate können zunächst systematisch in Kategorien eingeteilt werden: So gibt es die (Labor-)Experimente, das fotografische Material (Film, Fotopapier, Apparat), die fotografische Situation, die Geste und die Autorschaft, wie auch Dokumentation und Narration, Bedeutungszuweisungen in den Bild-Text-Kombinationen. Vielfältige Aspekte des Fotografischen werden durchdekliniert. Etwas Bezeichnendes an diesen Einteilungen ergibt sich während des Versuchs der Zuordnung: Keine einzige Fotografie und kein einziges Bildensemble lässt sich ausschließlich mit einer dieser Kategorien fassen, vielerlei Kreuzungen spinnen ein Netzwerk an Bedeutungszusammenhängen, das die Unmöglichkeit einer zweifelsfreien und eindimensionalen Definition andeutet. Es entfaltet sich ein Reichtum an Bezügen, aus dem Rautert zu schöpfen weiß. Gerade mit der Einbeziehung nichtfotografischen Materials, durch Etikettierungen mittels Bildunterschriften, technischen Angaben und Stempeln deutet seine „Grammatik“ weitergreifende Kontextualisierungen an. Weder „What you see is what you get“ noch „L’art pour l’art“ – Rautert kommt es nicht darauf an, die Fotografie streng in dem einen oder in dem anderen Zusammenhang verortet zu sehen, weder als ein rein berichtendes Bildmedium, noch im Sinne eines autonomen Kunstwerks. Eine Zuordnung vollzieht sich letztlich auch am Ort der Präsentation (beispielsweise als Zeitungsbild, im musealen Kontext, oder, zeitnaher, auf dem Monitor) – und damit zeigt sich ein weiterer wesentlicher Aspekt, ein weiteres der vielen Bezugssysteme der Fotografie.

1 Entsprechende, einer Sprachlehre verwandte Begriffe werden hier genau deswegen noch des Öfteren auftauchen.

2 Victor Burgin, zitiert nach Peter Lunenfeld, „Digitale Fotografie. Das dubitative Bild“, in: Herta Müller (Hg.), *Paradigma Fotografie. Fotokritik am Ende des fotografischen Zeitalters,* Frankfurt am Main: Suhrkamp, 2002, S. 167.

3 Zum Mythos „Universalsprache“ siehe: Wolfgang Kemp, „Fotografie als Sprache“, in: Wolfgang Kemp/Hubertus von Amelunxen (Hg.), *Theorie der Fotografie,* Bd. 3, München: Schirmer/Mosel, 2006, S. 24.

4 Denn um herauszufinden, „was ein Begriff für mich bedeutet, ist es sinnvoll, zunächst alle möglichen Folgen dieses Begriffs durchzuspielen“ – so ein Vorschlag Manfred Schmalriedes, mit dem Rautert gemeinsam den Begriff der „Bildanalytischen Photographie“ anlässlich der ersten Ausstellung 1973 in der Spectrum Photogalerie in Hannover etabliert hat, in: „Die ‚Bildanalytische Photographie‘ vor dem Hintergrund der heutigen fotografischen Kunstproduktion“, in: Timm Rautert, *Rückwirkende Realität. Prinzip Fotografie. Gespräche,* Leipzig: Institut für Buchkunst, 2007, S. 46.

Zum Zeitpunkt der Entstehung des Werkkomplexes hatte die Fotografie, besonders in Europa, ohnehin noch keinen festen Platz im System der Kunst eingenommen, zumindest war ihr Status nach wie vor prekär. Nach der ersten Begegnung des Mediums mit Kunstmuseen um die Jahrhundertwende im Genre der piktorialistischen „Kunstphotographie“, nach den Experimenten des Neuen Sehens und der programmatisch technisch-klaren Bildsprache der Neuen Sachlichkeit wird die Fotografie nun von der Konzeptkunst entdeckt. Doch sind Künstler in den 1960er Jahren selten genuin Fotografen, so wie Fotografinnen selten genuin Künstlerinnen sind – oder sich jeweils nur selten als solche verstehen. In der Nachfolge von Marcel Duchamps programmatischen Readymades operiert die Konzeptkunst mit Bedeutung und Ideen anstelle von Form und Material und beginnt neben vielfältigen anderen Praktiken und Medien nun auch von der Fotografie Gebrauch zu machen. Rautert selbst reist in den Entstehungsjahren der Werkgruppe mehrfach nach New York, wo die Fotogeschichte Mitte des 20. Jahrhunderts einem anderen Rhythmus folgt als in Europa und wo er sich in den Kreisen um Andy Warhols Factory aufhält. Unter anderem nimmt er bei einem seiner Aufenthalte ein ungewöhnliches Porträt von Walter De Maria auf, bestehend aus Fotografien ausschließlich von dessen New Yorker Studio. Veröffentlicht werden diese Aufnahmen im Jahr 1972 in der Zeitschrift *Avalanche* – wo sie als Werk De Marias selbst erscheinen, während Rautert ausschließlich im Impressum als Urheber der Fotografien benannt wird. Kurz darauf erhält er einen Brief von De Maria. Sein Freund, der Sammler Sam Wagstaff, sei sehr beeindruckt gewesen von den Fotografien des „Porträts“ und wünsche Abzüge – von den Originalnegativen und von Rautert selbst hergestellt. Rautert kommt der Anfrage nach. 1984 werden infolgedessen Arbeiten von ihm in die Bestände des Getty Museums eingehen, dem Wagstaff seine Sammlung übergibt. So gelangen sie in einen explizit institutionellen Kunstkontext.

Trotz oder neben dieser beginnenden Annäherung von Fotografie und Kunst ist die Fotografie Ende der 1960er Jahre zuallererst Gebrauchsgegenstand (sie wird bezahlt nach ihrem Gebrauchswert) und wird als solcher in Rauterts Arbeit in Form von Passbildern, Bedienungsanleitungen für Polaroid-Kameras oder in Schnappschuss-Szenarien sichtbar. Zugleich werden grundlegende Fragen von Autorschaft wie von Original und Reproduktion, die sich seit der Erfindung der Fotografie mit ihr verbinden, in diesen Jahren in spezifischer Weise dringlich und erhalten einen neuen diskursiven Kontext. Die Fotografie gerät nicht nur angesichts ihrer massenmedialen Verwendung in die Kritik. Da, wo die Kunst politisch wird und die Menschen ihren Ort in der Gesellschaft prüfen, diskutieren, um ihn streiten, erfährt gerade das technische Bildmedium mit seiner enormen suggestiven Kraft und seinem angenommenen Wahrheitsanspruch ein spezifisches Misstrauen. Rautert hat sich immer gegen eine solche Lesart der Fotografie gewendet. Während beispielsweise Susan Sontag in ihrem einflussreichen Buch *On Photography*, das etwa zur selben Zeit wie die *Bildanalytische Photographie* entsteht und 1977 erscheint, dem Medium jegliche Verbindung zur Welt abspricht, es der Manipulation und Irreführung bezichtigt und seine Betrachterinnen und Betrachter in Platons Höhle verortet,[5] verteidigt Rautert die Fotografie unermüdlich als Zugang zur Welt und als Möglichkeit, dieser Welt Erkenntnis abzuringen. Nicht etwa im Sinne eines objektiven Untersuchungsinstrumentariums,

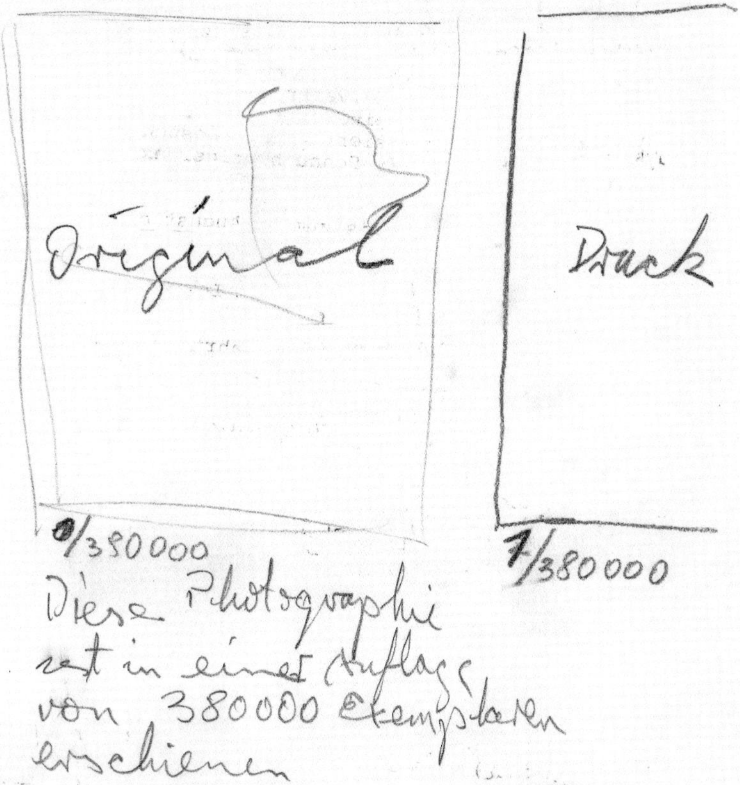

Original

Druck

0/380000

1/380000

Diese Photographie ist in einer Auflage von 380000 Exemplaren erschienen

sondern im ständigen Bewusstsein des subjektiven Blicks – auch und gerade im vermeintlichen Eins-zu-Eins des apparativen Bildermachens. Rautert nimmt die Implikationen und medialen Spezifika der Fotografie an und bearbeitet sie offensiv. Die Vermassung der Bilder, die eben mitnichten ein originäres Thema des heutigen digitalen Zeitalters darstellt, interessiert und fasziniert den Fotografen bereits in den 1960er Jahren. In seinen vielfältigen bildjournalistischen Arbeiten, die der *Bildanalytischen Photographie* folgen werden, taucht er selbst ganz praktisch in diesen Prozess der massenhaften Reproduktion ein – in ständiger Aufmerksamkeit dafür, wie die Vervielfältigung das fotografische Bild verändert. Eine Skizze zu einer Arbeit für die *Bildanalytische Photographie,* die nicht realisiert wurde, stellt einen Originalabzug neben einem Druck dar. Darunter steht: „1/380000 – Diese Photographie ist in einer Auflage von 380000 Exemplaren erschienen." Und auch in den umgesetzten Arbeiten, die Eingang in den Zyklus gefunden haben, begegnet uns wiederholt die Frage von Original und Reproduktion als zentrales Thema. „Dies ist eine Photographie. Sie kann von mir beliebig oft vervielfältigt werden", heißt es in der gestempelten Unterschrift unter zwei Arbeiten des Werkzyklus. Während das eine Bild ein Porträt von Pina Bausch zeigt, beobachtet Rauterts Kamera im anderen den Moment des Fotografierens selbst. Er steht hinter einer Frau, die ein Erinnerungsbild aufnimmt, für das sich drei Personen in Pose gestellt haben. Das Ich des Fotografen gelangt auch textlich in die Arbeit – die Fotografie „kann von mir" vervielfältigt werden – und zugleich rückt der Stempel, der eben weder Handschrift noch Signatur ist, die Aussage in Distanz zur realen Autorenperson. Anstatt des Originals und des Originären gerät die Autorschaft der Reproduktion in den Blick, die Macht über die Vervielfältigung und den Apparat – eine Macht, die Ende der 1960er Jahre mit Blick auf massenmediale Berichterstattung und vor dem Hintergrund der zeitgenössischen Kapitalismuskritik vielfach laut, in Rauterts Werk dagegen leise hörbar diskutiert wird. Nicht nur in der bildenden Kunst oder der Fotografie ist der Autor (explizit im männlichen Singular) pressierendes Thema, sondern zuvorderst in der Literatur und ihrer Wissenschaft.
Es ist die Zeit, in der starke Autorenfiguren den Tod des Autors erklären und argumentieren, dass Sinn im Vorgang des Lesens wie des Betrachtens allein von denjenigen erzeugt werde, die den Text oder das Bild wahrnehmen.[6] Auch Rautert reflektiert in der *Bildanalytischen Photographie* explizit Fragen von Autorschaft und ist als Autorenfigur immer wieder konkret selbst sichtbar. Er stellt sich aus, wird gespiegelt in mehrfachen Brechungen und bleibt als Frage auch und gerade dort präsent, wo er sich selbst verschwinden lässt.
Mit ernster Miene in der Fotofix-Kabine, die bereits den Surrealisten ebenso wie Andy Warhol als paradigmatisches Instrument diente, und humorvoll mit Weihnachtsmann-Maske vor dem Spiegel thematisiert Rautert sich selbst als Fotografen, als Bediener und Diener der Kamera.[7] Genau wie das künstlerische

5 Susan Sontag, *On Photography,* New York: Farrar, Straus and Giroux, 1977, im Besonderen der darin enthaltene Essay „In Plato's Cave"; die in dem Buch versammelten Texte waren in den Jahren zuvor (zwischen 1973 und 1977) im *New York Review of Books* erschienen.
6 Als besonders einflussreich für den theoretischen Diskurs ist hier Roland Barthes' Text „Der Tod des Autors" hervorzuheben, erstmalig veröffentlicht 1967 in englischer Übersetzung im *Aspen Magazine 5/6.*
7 Vgl. Stefan Gronert, „Alternative Pictures: Conceptual Art and the Artistic Emancipation of Photography in Europe", in: Douglas Fogle (Hg.), *The last picture show. Artists using photography 1960–1982,* Minneapolis: Walker Art Center, 2003, S. 86–96.

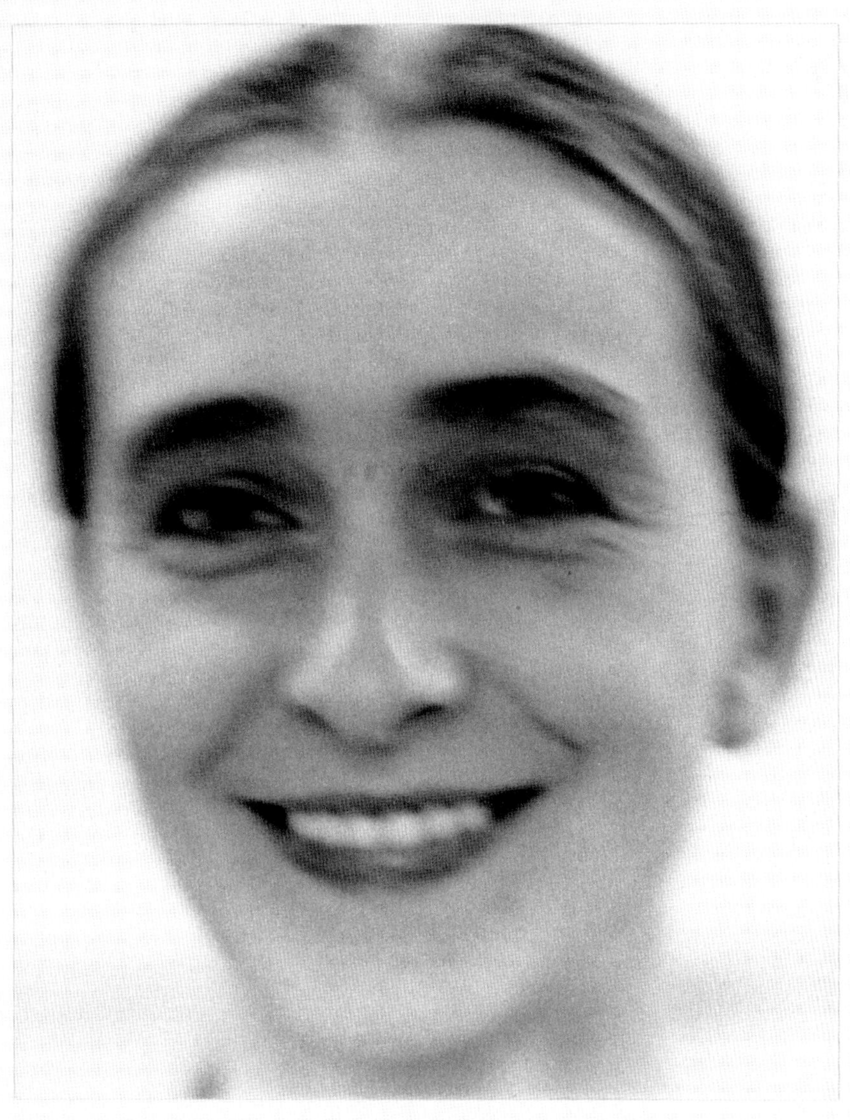

Dies ist eine Photographie.
Sie kann von mir beliebig
oft vervielfältigt werden.

Umfeld, in dem er sich in den Entstehungsjahren der *Bildanalytischen Photographie* bewegt, rekurriert er in der eigenen Positionierung immer wieder auf die Literatur, mehr jedoch auf die Linguistik, erzählt sich als Leser und thematisiert damit eine Figur, die im Rahmen des „Linguistic Turn" und damit der Hinwendung zu einer genaueren Untersuchung sprachlicher Vermittlungsformen grundlegend neue Beachtung und Diskussion erfährt. Dieses historische Diskursfeld bietet einen Hintergrund für die begriffliche Fassung des Werks als „Grammatik" – eine scheinbar autorlose Textgattung, die systemisch und intersubjektiv funktioniert.

„Ich habe geglaubt, dass die Fotografie Prozesse durchscheinig und sichtbar macht, dass sie neues Wissen vermittelt, sehr zeitgemäß ist und das Bildmittel unseres Jahrhunderts, das technische Leitbild, auf dem alles aufbaut, repräsentiert. Deshalb war sie für mich für etwas anderes nutzbar als nur im Kunstkontext."[8]
Was ist dieses „Andere", um das Rautert die „Nutzung" von Fotografie außerhalb des Kunstkontexts für sich erweitert, das hier keineswegs auf die einfache Unterscheidung Kunst versus Bildjournalismus abzielt? Die frühe Werkgruppe kann als eine Grundlage für Rauterts eigenes Schaffen verstanden werden, ebenso als eine ihn ständig begleitende Überprüfung des Mediums, mit dem er kontinuierlich arbeiten wird. Ihr auf die Jahre 1968 bis 1974 eingegrenzter Entstehungszeitraum, teils noch während seiner Studienjahre und somit durchaus als ein „Debüt" zu bezeichnen, legt diese Vermutung nahe. In den folgenden Jahrzehnten kommen keine in dieser Form die Fotografie mittels der Fotografie untersuchenden Arbeiten von ihm mehr vor. Doch lassen sich mit der *Bildanalytischen Photographie* Rauterts verschiedene folgende Serien studieren, die in ihren Ansätzen auf dem Werkzyklus fußen. Gleichermaßen veranschaulichen sie einen Anspruch, der ein Insistieren und einen Zuspruch formuliert, ein Bekenntnis zum Medium der analogen Fotografie, dem Rautert auch in späteren Jahren treu geblieben ist: „Ich möchte das, was ich im Bild zeige, gesehen haben. Ich möchte begreifen, was das war. Ich möchte vor dieser Wirklichkeit gewesen sein. Ich möchte Teil dieser Wirklichkeit sein und möchte mich mit meinem Apparat dorthin begeben."[9]
Fast fünf Jahrzehnte nach der Entstehung seiner *Bildanalytischen Fotografie* scheint dieses „Andere" präsenter als je zuvor zu sein, wenn auch mit dem gerade angeführten Zitat möglicherweise einer der plausibelsten Unterschiede benannt ist, – existieren doch inzwischen vielerlei Online-Formate, in denen ausschließlich über „Fotografien" (mit teilweise knappen Bildunterschriften und Hashtags versehen) kommuniziert wird und beispielsweise über die App Instagram nach neuesten Statistiken minütlich über 50.000 Fotos und Videos hochgeladen werden. Freilich sind die Bedingungen einer Rezeption digitaler Bilder andere als die einer analogen Fotografie, wie sie Rautert uns präsentiert. „Alle Manipulationen am fotografischen Resultat leben jedoch auch und gerade im digitalen Zeitalter auf Kredit einer der Fotografie nach wie vor zugesprochenen Wahrheit, d.h. ihrer durch ihren technischen Charakter verbürgten Authentizität."[10]

8 „Daniel Stemmrich im Gespräch mit Timm Rautert", in: Timm Rautert, *Rückwirkende Realität*, S. 29.
9 „Carmen Schliebe im Gespräch mit Timm Rautert", ebd., S. 13.
10 Falk Haberkorn, „Sebastian, abgehängt", in: Hans-Werner Schmidt (Hg.), *Timm Rautert. Wenn wir dich nicht sehen, siehst du uns auch nicht, Fotografien 1966–2006*, Göttingen: Steidl, 2006, S. 272.

Eine heutige „Grammatik“ müsste zwar in einigen ihrer Paragraphen völlig andere Formen annehmen – letztlich aber gilt für emanzipierte Rezipienten und Rezipientinnen, eben auch genau jener Entstehungsbedingungen und Wirkungsweisen der Fotografie gewahr zu sein, die die *Bildanalytische Photographie* uns vorführt.
Kann es also eine „Grammatik“ der Fotografie geben? Im strengen Wortsinn kaum – und doch ruft das Stichwort der Grammatik eine von Beginn an virulente Diskussion um das Wesen der Fotografie auf: von der naiven Etikettierung als „Universalsprache“, die den Glauben der objektiven Abbildung einschließt, zum „Zusammenspiel ikonischer, grafischer und narrativer Konventionen“ [11], das zum Verstehen der Fotografie wesentlich beiträgt. Dieses Spektrum fächert Rautert in der *Bildanalytischen Photographie* weit auf und weist damit über das Zeitalter der analogen Fotografie maßgeblich hinaus.

11 Allan Sekula, „Der Handel mit Fotografien“, in: *Paradigma Fotografie*, S. 262.

The Conjunctive of Photography

Linda Conze
Rebecca Wilton

Timm Rautert's *Bildanalytische Photographie* [Image-Analytical Photography], which dates from 1968 to 1974, highlights the fundamental conditions of photographic work – from the photographic act and the development of photographic images under an enlarger in the lab to the various possibilities of presentation. A systematically elaborated ensemble of analog black-and-white and color photographs, of image-text compilations, and of manuals and photographic material provokes elementary questions about what photography means as a medium, what is expected from it, and how it has actively shaped the perception of the world, today more than ever. Scenic black-and-white photographs, passport photos, lab experiments, combinations of selected photo prints with their negatives are found among Rautert's 56 unique works, but also nonphotographic material such as a gray card (used for measuring light mainly in photo studios), postcards, and graphic manuals. It is noteworthy that many of the photographs here are placed in a direct relationship with language. Textual elements appear in, on, and next to many images, although they are often very brief. These might represent technical information, but also concrete names or "statements" culminating in a photographed handwritten letter. Every single exhibit becomes an element of "analysis" showing the numerous potential scenarios of photography. Rautert designated the working group as a "grammar" of photography early on – at first glance, it is an obvious concept in the exhibition and presentation of photographic processes and modes of action. However, can there be a "grammar of photography" in the strictest sense? In this regard, it is worth considering the very meaning of grammar. It primarily denotes a system of coordination and orientation and provides (mutable) rules founded on convention with which language can be learned, mastered, and even analyzed.

Following a parallel hypothesis, photography would thus correspond to language. One could test all of the preformulated variants and possibilities and ascertain its various "cases" and "modes." At first, it seems that the use of the term "grammar" is obvious and tempting in the search for tangible descriptions for the understanding and comprehension of images.[1] Nevertheless, an objection can be asserted that gives rise to one of the cores of *Bildanalytische Photographie*. Grammar forms a specific reference to the respective language, "in the sense in which all texts in English ultimately depend upon the English language."[2] Could there be such a singular reference system for photography, and would it not require the outdated assumption of photography as a "universal language"?[3] Instead of using the term "grammar" with its associated objective of clear, concrete, and applicable definitions, it therefore seems much more instructive to think about the *meaning* of the term.[4] For example, if copies of the same negatives are exposed differently, their descriptions as "darker" or "lighter" are by no means adequate to the respective changes of the image in its mode of action. Here we approach the idea of experimental arrangements, which accompany much of *Bildanalytische Photographie*. Initially, all 56 exhibits can be systematically categorized: there are the (laboratory) experiments, the photographic material (film, photographic paper, camera), the photographic situation, the gesture, and authorship, as well as documentation, narration, and ascriptions of meaning in the image-text combinations.

Various aspects of photography are thoroughly conjugated. Something significant arises during the classification attempt: it is not possible to sum up a single photograph or a single ensemble of images with only one of these categories. Multiple intersections create a network of semantic relationships that imply the impossibility of an unambiguous and one-dimensional definition. Rautert knows how to use the wealth of references that unfold, especially by including nonphotographic materials, labeled captions, technical specifications, and stamps, which suggest their wider contextualization as a form of "grammar." However, it is neither "what you see is what you get," nor "L'art pour l'art" – for Rautert, seeing the photograph in one or another context is not consequential, neither as a visual medium that purely reports, nor in the sense of an autonomous artwork. Ultimately, categorization occurs at the place of presentation (for example, as a newspaper image, in the context of a museum, or on the monitor) – and with this another important aspect is revealed, another of the many reference systems of photography.

At the time of the emergence of the body of work, photography (especially in Europe) did not occupy a firm position within the art world – or at the very least, its status remained precarious. After the medium's first encounter with art museums around the turn of the century in the genre of pictorialist "art photography," it was only after the experiments of New Vision and the programmatic, technically clear imagery of New Objectivity that photography was discovered by conceptual art. But the artists of the 1960s are rarely genuine photographers, just as photographers are rarely genuine artists – or only rarely considered themselves as such. In the wake of Marcel Duchamp's programmatic ready-mades, conceptual art operated with meaning and ideas instead of form and material and then it began, next to a number of other practices and media, to make use of photography.

In the years during the emergence of this group of works, Rautert frequently traveled to New York, where the history of photography of the middle of the twentieth century followed a different rhythm from that of Europe. There he also found himself in the circle of Andy Warhol's factory. During one of his stays, he took an unusual portrait of Walter De Maria, consisting of photography solely of his New York studio. These images were published by *Avalanche* magazine in 1972, where they appeared as works of De Maria himself, while Rautert is only named in the imprint as the photographer. Shortly afterwards, he received a letter from De Maria. His friend, the collector Sam Wagstaff, was quite impressed by the photographs of the "portraits" and wanted prints made from the original negatives by Rautert himself. Rautert fulfilled the request. In 1984, works by Rautert were subsequently included in the Getty Museum, where Wagstaff had bestowed his collection. Thus, they entered into an explicitly institutional art context.

Despite this initial approach of photography and art, the photographs from the end of the 1960s are primarily commodities (paid for according to their practical value) and are visible as such in Rautert's work in the form of passport photos, manuals for Polaroid cameras, or in snapshot scenarios. At the same time, fundamental questions of authorship, of originals, and of reproductions – which have been a central focus of attention since the invention of photography and were particularly urgent in a specific way in those years – achieved a new discursive context. Photography was not only criticized in relation to its use in mass media. Where art is political and people scrutinize, discuss, and fight for a place in society, the technical image medium, with its enormously suggestive power and claim to truth, was experiencing a particular kind of suspicion. Rautert was always against this kind of understanding of photography. In her influential book entitled *On Photography*, written at about the same time as *Bildanalytische Photographie* and published in 1977, Susan Sontag denies the medium any connection to the world, accusing it of being manipulation and deception, with its viewers stuck in Plato's cave.[5]

Rautert, however, tirelessly defends photography as a form of access and as a way to wrest knowledge from this world. Not in the sense of an objective investigative instrument, rather in constant awareness of the subjective gaze – especially in the supposed one-to-one situation of mechanical image-making. Rautert assumes both the implications and media-based particularities of photography and assertively works with them. The mass dissemination of images, which by no means constitutes an original subject in today's digital age, has fascinated the photographer ever since the 1960s. In his numerous journalistic works that followed *Bildanalytische Photographie*, he immersed himself quite practically in the process of mass reproduction, paying constant attention to the ways in which copying changed the photographic image. A sketch for an unrealized work for *Bildanalytische Photographie* positions an original next to a print. Below it we read: "1/380000 – This photograph has been published in an edition of 380000." In the produced works, which found their way into the cycle, we also repeatedly encounter the questions of original and reproduction as a central theme. "This is a photograph. It can be reproduced by me any number of times" is the stamped signature found under two works in the series. While one image shows a portrait of Pina Bausch, Rautert's camera observes the very moment of photographing in another. He is behind a woman who is taking a souvenir photo for which three people are seen to pose. The photographer's self can also be found textually in the work – the photograph "can be [...] reproduced by me" – yet the stamp (neither handwriting, nor a signature) places the statement at a distance to a real personified author.

The interest shifts from the notion of the original and originality towards the authorship of reproduction; it is a shift of power over replication and the apparatus itself, a power that was avidly discussed at the end of the 1960s in relation to mass media and the contemporary critique of capitalism, and more subtly by Rautert in his own work. It is not only in the visual arts or photography that the author (explicitly in the male singular) is an urgent topic, but rather in literature and its science. This is the time when strong author figures declare the death of the author, arguing that the readers or spectators alone, in the very process of reading or perceiving, produce the meaning of a text or an image.[6] In *Bildanalytische Photographie*, Rautert also reflected on explicit questions of authorship and is always visible as a concrete author figure. He presents himself, is mirrored in multiple refractions, even remains as a question and is especially present where he allows himself to disappear. With a serious expression in the Fotofix booth, which had already served the surrealists as well as Andy Warhol as a paradigmatic instrument, or more entertainingly with a Santa Claus mask in front of a mirror, Rautert turns himself into the subject of discussion as a photographer, as the operator and servant of the camera.[7] Just as in visual arts, which were his environment during the conception of *Bildanalytische Photographie*, he repeatedly refers back to literature, and even more to linguistics, in order to position himself, talking of himself as a reader and thereby bringing up a model that is granted new consideration and discussion within the framework of the linguistic turn – namely, the turn towards the exact examination of linguistic forms of mediation. This historico-theoretical field of discourse provides a background for the conceptualization of the work as "grammar," a seemingly authorless genre that works both systematically and intersubjectively.

"I believed that photography makes processes shine through and makes them visible, that it imparts new knowledge, is very timely and the image instrument of our century, that it represents the technical model which it is built on. That is why it was useful to me for something other than in the sole context of art."[8] What is this "other" around which Rautert expands the "use" of photography beyond the context of art, and which is by no means aimed at the simple differentiation of art versus photojournalism? His early group of works represents the basis for Rautert's future work and can be seen as a constant companion in the examination of the medium that he proceeded to continuously work on. The group's restricted period of development between 1968 and 1974, partially during his studies and therefore certainly designated a "debut," suggests just that presumption. In the ensuing decades, none of these specific forms of reflective photography by means of photography reappear in Rautert's work. But *Bildanalytische Photographie* continues to inform his ensuing series, which today can be interpreted on its basis. His entire work illustrates a certain claim, an insistence and encouragement, a commitment to the medium of analog photography to which Rautert remained true, even in later years: "I want to have seen what I show in the image. I want to understand what it was. I want to have been in front of this reality. I want to be a part of this reality, and I want to participate in it with my camera."[9]

Almost five decades after the creation of his *Bildanalytische Photographie*, this "other" seems to be more present than ever, even if the aforementioned quotation is one of the most plausible differences. Many online formats that only communicate with "photographs" (partially provided with succinct captions and hashtags) do indeed exist; for example, according to the latest statistics from the Instagram app, over 50,000 photos and videos are uploaded every minute. Of course, the conditions of the reception of digital images are different than those for analog photography as presented by Rautert. "Especially in the digital age, all manipulations of the photographic result are also indebted to the truth awarded to photography, to the authenticity guaranteed by their technical character."[10] A present "grammar" would certainly have to assume very different forms in some of its paragraphs, and it ultimately demands from the emancipated recipient to be aware of the conditions of origin and mechanisms of photography that *Bildanalytische Photographie* shows us.

Can a "grammar" of photography therefore exist? Hardly in the strictest sense. And yet the notion of a grammar calls for a discussion that has been topical since the very beginning of photography: from the naive label as a "universal language," which includes a belief of objective representation, to the "interplay of iconic, graphic, and narrative conventions"[11] that significantly contribute to the understanding of photography. Transcending the age of analog photography, Rautert is seen to address this spectrum very widely in his *Bildanalytische Photographie*.

1 Indeed, theories of language-related terms still frequently appear for precisely this reason.

2 Victor Burgin, quoted by Peter Lunenfeld, *Snap to Grid: A User's Guide to Digital Arts Media, and Cultures* (Cambridge, MA: MIT Press, 2000), p. 190.

3 For the "universal language" myth, see: Wolfgang Kemp, "Fotografie als Sprache," in: *Theorie der Fotografie*, vol. 3 (Munich: Schirmer/Mosel, 2006), p. 24.

4 To find out "what a term means to me, it is useful to first put into play all the possible consequences of this notion" – from a proposal from Manfred Schmalriede who, together with Rautert, established the "Image-Analytical Photography" on the occasion of his first exhibition at Spectrum Photogalerie in Hanover, in: "Die 'Bildanalytische Photographie' vor dem Hintergrund der heutigen fotografischen Kunstproduktion," in: Timm Rautert, *Rückwirkende Realität: Prinzip Fotografie, Gespräche* (Leipzig: Institut für Buchkunst, 2007), p. 46.

5 Susan Sontag, *On Photography* (New York, 1977); in particular, cf. the essay "In Plato's Cave." The texts collected in this publication had previously appeared in *New York Review of Books* between 1973 and 1977.

6 Particularly influential for the theoretical discourse in this context is Roland Barthes' seminal text "The Death of the Author," which was first published in English in 1967 in *Aspen Magazine* 5/6.

7 See Stefan Gronert, "Alternative Pictures: Conceptual Art and the Artistic Emancipation of Photography in Europe," in: Douglas Folge, *The Last Picture Show. Artists Using Photography 1960–1982* (Minneapolis: Walker Art Center, 2003), pp. 86–96.

8 "Daniel Stemmrich im Gespräch mit Timm Rautert," in: Timm Rautert, *Rückwirkende Realität*, ibid., p. 29.

9 "Carmen Schliebe im Gespräch mit Timm Rautert," in: Timm Rautert, *Rückwirkende Realität*, ibid., p. 13.

10 Falk Haberkorn, "Sebastian, abgehängt," in: Hans-Werner Schmidt, *Timm Rautert: Wenn wir dich nicht sehen, siehst du uns auch nicht, Fotografien 1966–2006* (Göttingen: Steidl, 2006), p. 272.

11. Allan Sekula, "Der Handel mit Fotografien," in: *Paradigma Fotografie* (Frankfurt am Main, Suhrkamp, 2002), p. 262.

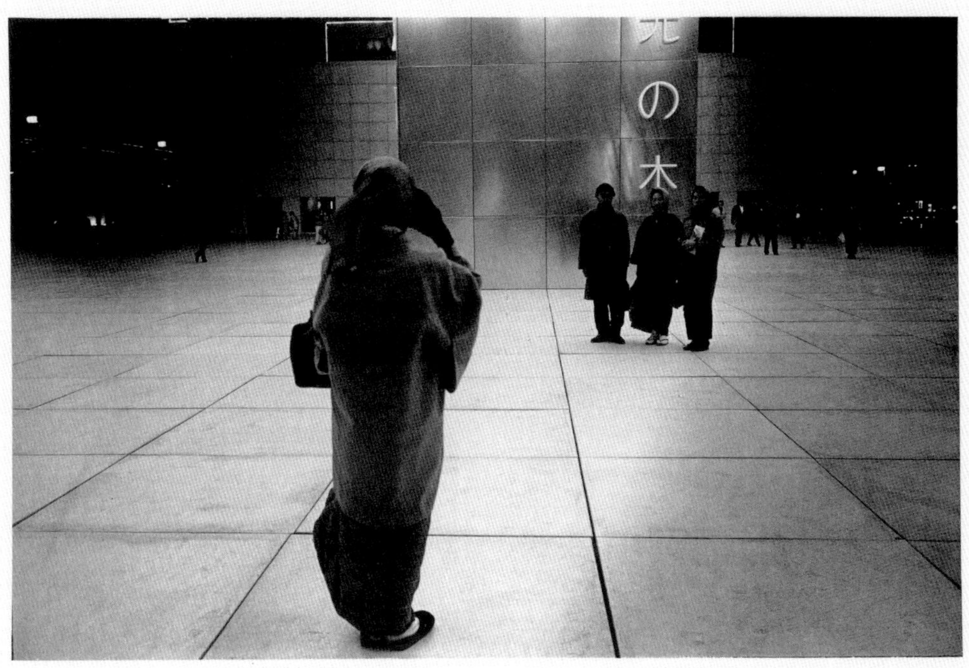

Dies ist eine Photographie.
Sie kann von mir beliebig
oft vervielfältigt werden.

Timm Rautert

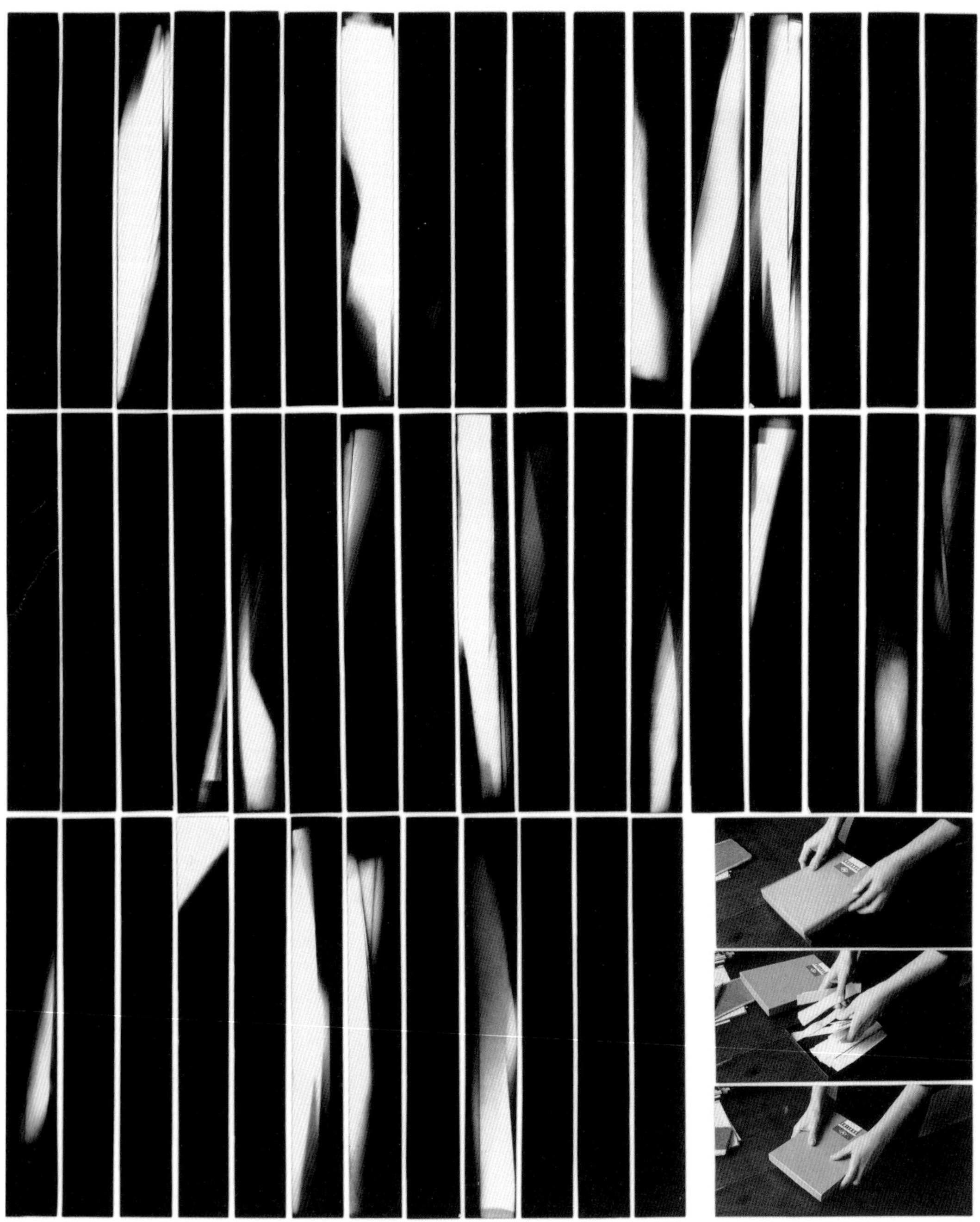

1–6 2/10s–9/10 s 1971
8 s/w-Fotografien,
Bromsilbergelatine/
8 b/w photographs,
gelatine silver bromide,
Letraset, je/each 300 × 239 mm,
auf Karton/on cardboard

8 Fleckbild 1971
[Speck Picture]
Bromsilbergelatine/
gelatine silver bromide,
238 × 176 mm

13 Skizzenblatt undatiert
[Sketch Paper], undated
Bleistift auf Papier/pencil on paper,
297 × 210 mm

15 Dies ist eine Photographie. Sie kann von mir beliebig oft vervielfältigt werden 1972
[This is a photograph. It can be reproduced by me any number of times],
s/w-Fotografie, Bromsilbergelatine/
b/w photograph, gelatine silver bromide, 225 × 180 mm,
Stempel/stamp,
auf Karton/on cardboard

21 Dies ist eine Photographie. Sie kann von mir beliebig oft vervielfältigt werden. Osaka 1970
[This is a photograph. It can be reproduced by me any number of times. Osaka],
s/w-Fotografie, Bromsilbergelatine/
b/w photograph, gelatine silver bromide, Stempel/stamp,
163 × 250 mm
(Blattmaß/sheet size, 222 × 290 mm)

22 Unbelichtete Fotopapierstreifen dem Tageslicht ausgesetzt. 3 sec., danach normal entwickelt 1971
[Unexposed photographic paper strips exposed to daylight. 3 sec., then developed normally],
49 s/w-Fotografien, Bromsilbergelatine/
49 b/w photographs, gelatine silver bromide, 46 à 179 × 25 mm;
3 à 59 × 119 mm,
auf Karton/on cardboard

24 Eine Aufnahme 1972
[One Shot]
2 s/w-Fotografien, Bromsilbergelatine/
2 b/w photographs, gelatine silver bromide, je/each 143 × 183 mm,
auf Karton/on cardboard

25 Selbst mit Kamera gedreht (um 0° 180°) 1972
[Self with the camera turned (0° to 180°)]
s/w-Fotografie, Negativmontage,
Bromsilbergelatine/b/w photograph,
montage of negatives, gelatine silver bromide, 204 × 269 mm,

26 Type 107 1973
4 s/w-Fotografien, Bromsilbergelatine/
4 b/w photographs, gelatine silver bromide, 130 × 119 mm und/and
3 à 90 × 132 mm,
auf Karton/on cardboard

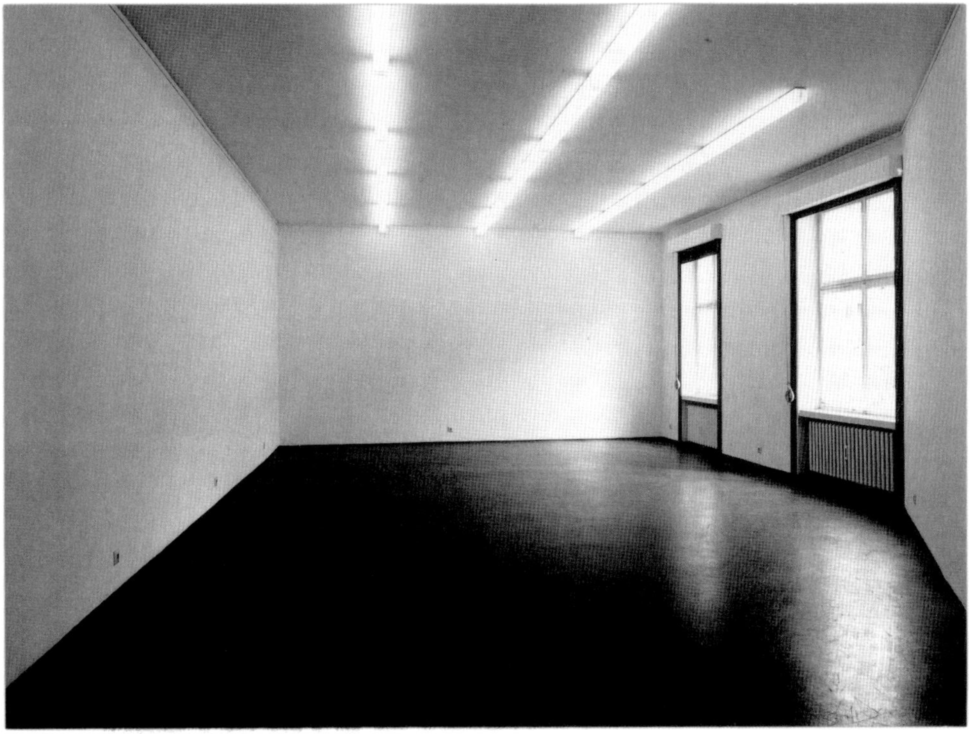

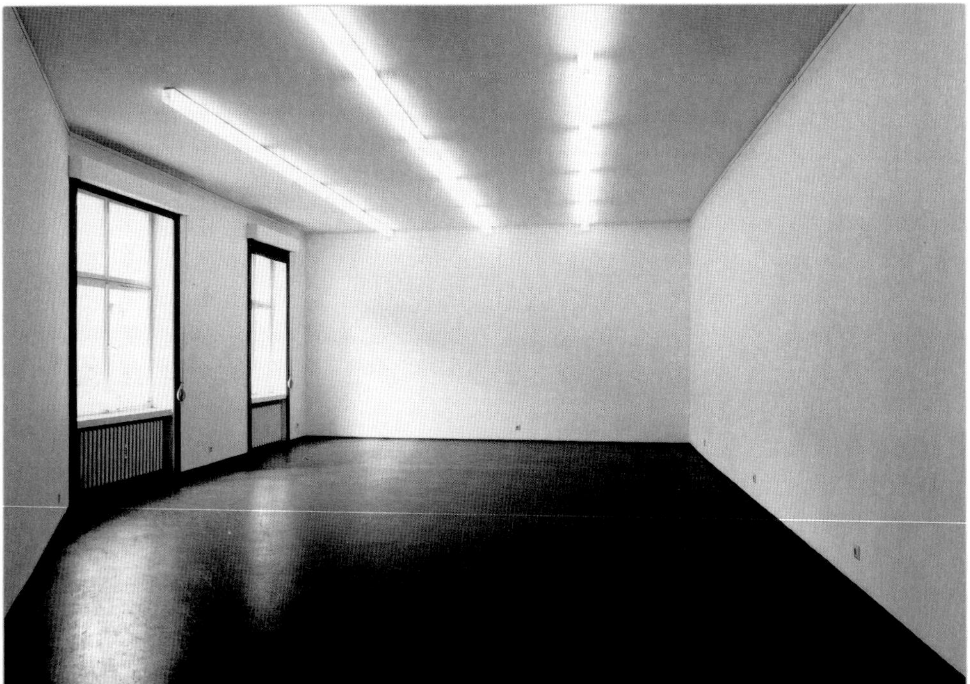

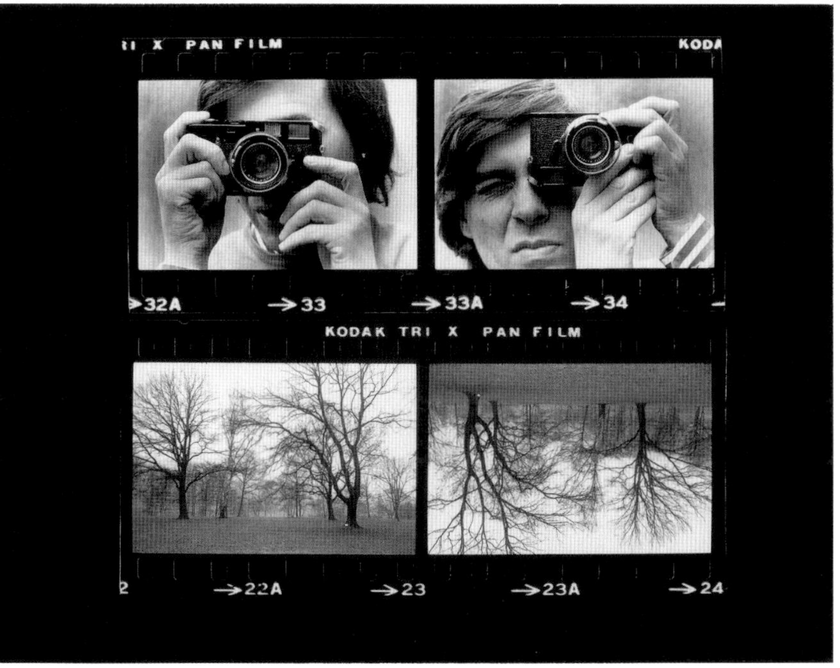

RI X PAN FILM
KODA
→32A
→33
→33A
→34
KODAK TRI X PAN FILM
→22A
→23
→23A
→24

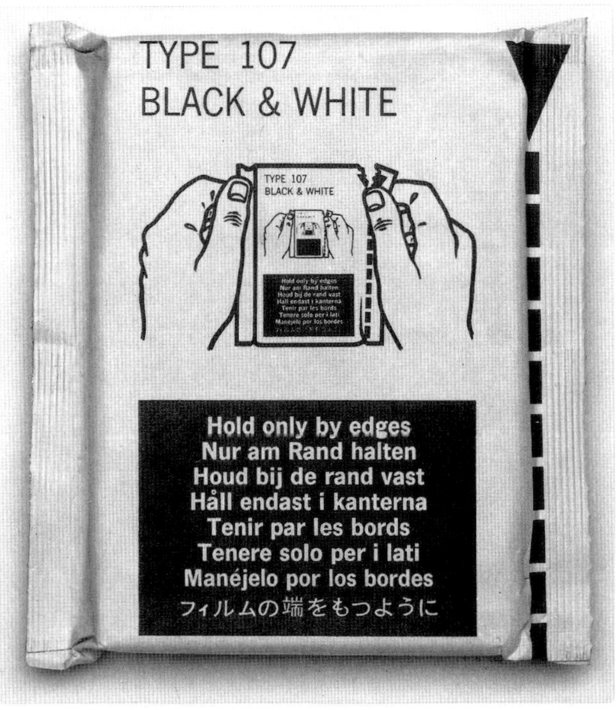
TYPE 107
BLACK & WHITE
Hold only by edges
Nur am Rand halten
Houd bij de rand vast
Håll endast i kanterna
Tenir par les bords
Tenere solo per i lati
Manéjelo por los bordes
フィルムの端をもつように

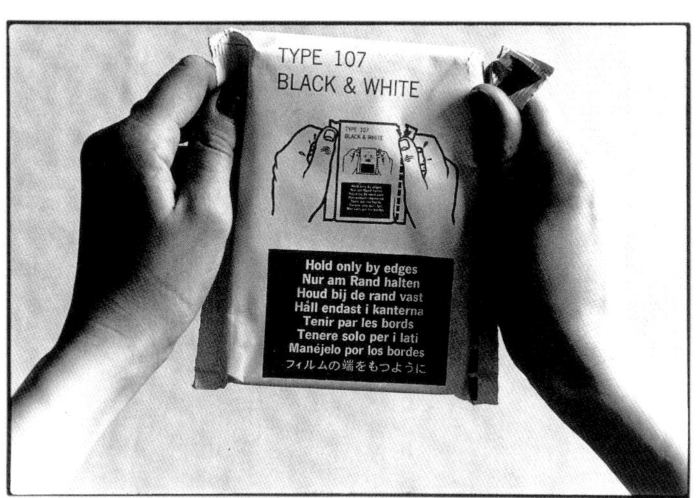
TYPE 107
BLACK & WHITE
Hold only by edges
Nur am Rand halten
Houd bij de rand vast
Håll endast i kanterna
Tenir par les bords
Tenere solo per i lati
Manéjelo por los bordes
フィルムの端をもつように

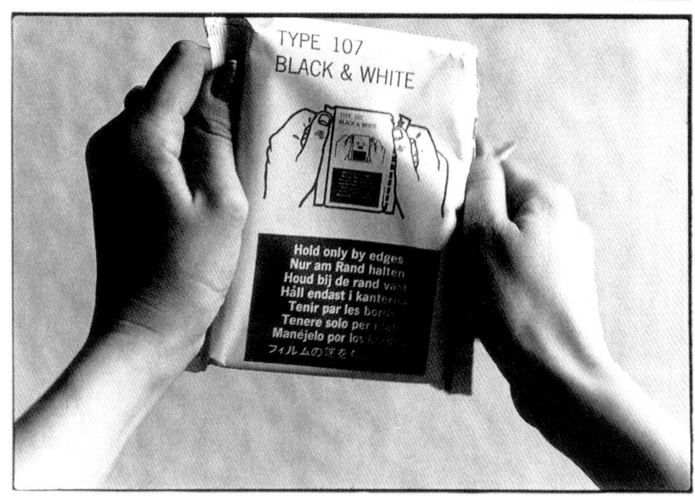
TYPE 107
BLACK & WHITE
Hold only by edges
Nur am Rand halten
Houd bij de rand vast
Håll endast i kantern
Tenir par les bord
Tenere solo per
Manéjelo por los
フィルムの

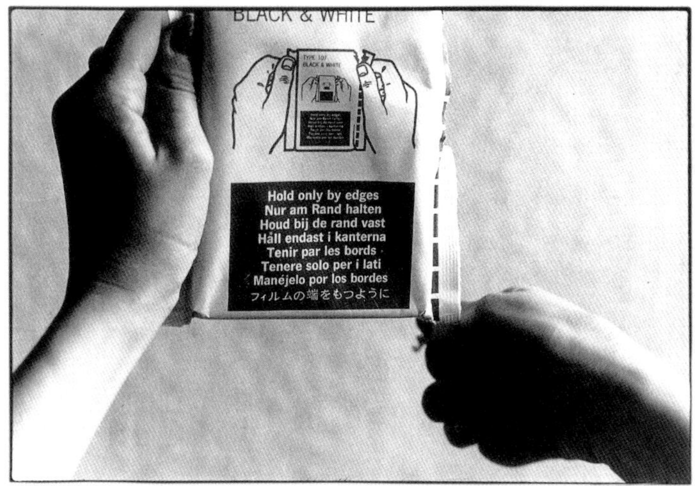
Hold only by edges
Nur am Rand halten
Houd bij de rand vast
Håll endast i kanterna
Tenir par les bords
Tenere solo per i lati
Manéjelo por los bordes
フィルムの端をもつように

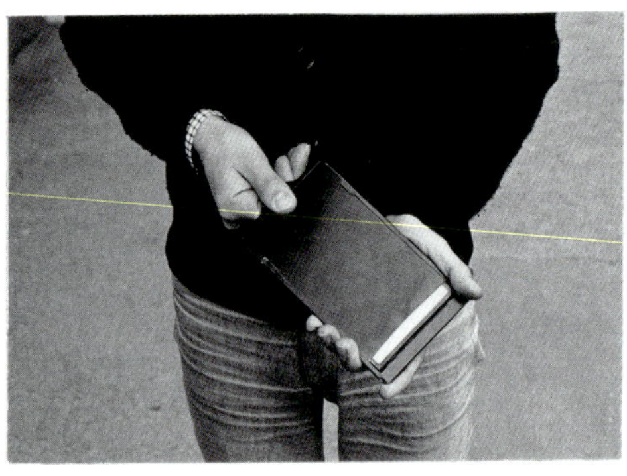

28 Kontakt eines zur Hälfte belichteten Negativs. Kassette halb aufgezogen, nach 2 sec. (gezählt 21, 22) wieder geschlossen. 14. 6. 71, 14 Uhr, Tageslicht bedeckt 1971
[Contact of a half exposed negative. Case half opened, closed again after 2 sec. (counted 21, 22). 06.14.71, 2 pm, overcast daylight]
Farbfotografie / color photograph, 234 × 194 mm und s/w-Fotografie / and b/w photograph, Bromsilbergelatine / gelatine silver bromide, 75 × 105 mm, auf Karton / on cardboard

30 Mit einer automatischen Kamera aus einem Raum gehen 1971
[Leaving a room with an automatic camera]
2 s/w-Fotografien, Bromsilbergelatine / 2 b/w photographs, gelatine silver bromide, je / each 125 × 184 mm, Letraset, auf Karton / on cardboard

32 o.T. 1974
[Untitled]
2 s/w-Fotografien / 2 b/w photographs, Bromsilbergelatine / gelatine silver bromide, je / each 203 × 138 mm

34 2 Photoautomatbilder (Hände) 1969
[2 Photo booth images (hands)]
2 s/w-Fotografien, Bromsilbergelatine / 2 b/w photographs, gelatine silver bromide, je / each 52 × 40 mm, mit Hand beschriftet / handwriting, auf Karton / on cardboard

35 Muhammad Ali 1973
s/w-Fotografie, Bromsilbergelatine / b/w photograph, gelatine silver bromide, 180 × 220 mm,

36 Boeing 737 1974
Postkarte (Offset) und Farbfotografie / postcard (offset) and color photograph, je / each 105 × 149 mm, auf Karton / on cardboard

38 Echt Foto 1970
[Real Photo]
2 s/w- und 2 Farbpostkarten (Caravaggio, Der ungläubige Thomas) / 2 b /w and 2 color postcards [Caravaggio, The Incredulity of Saint Thomas], je / each 105 × 145 mm, auf Karton / on cardboard

Mit einer automatisch

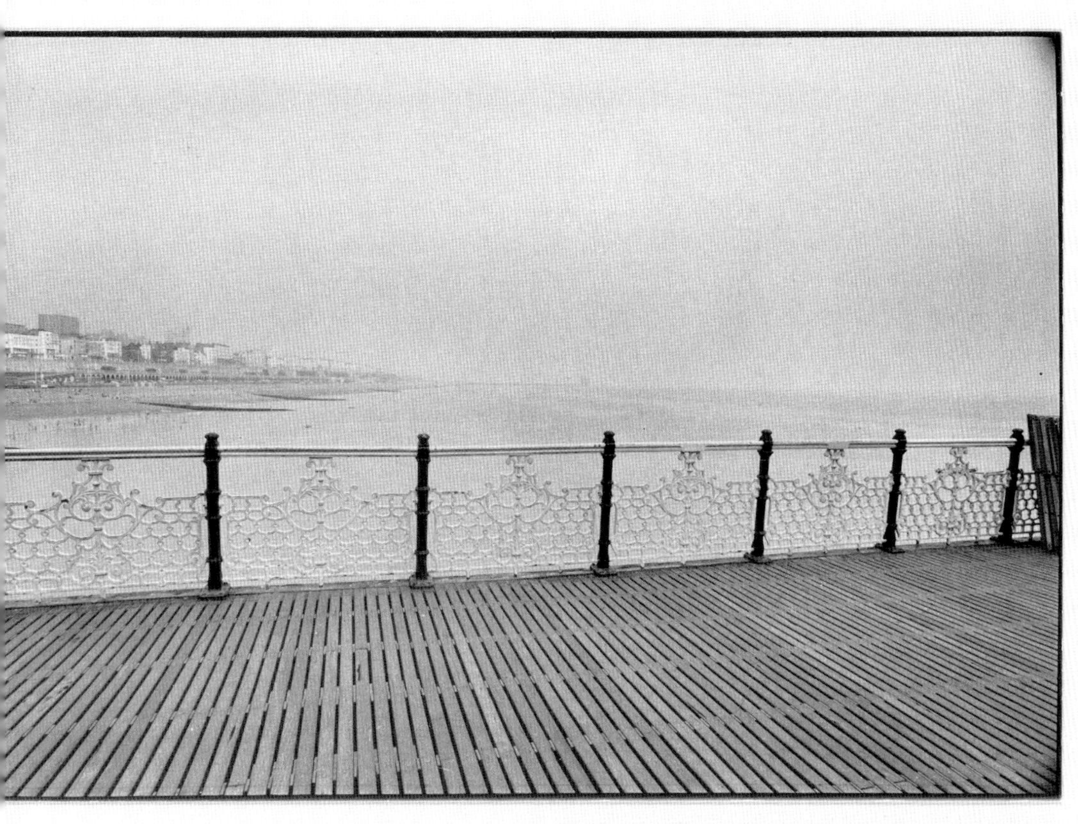

aus einem Raum gehen.

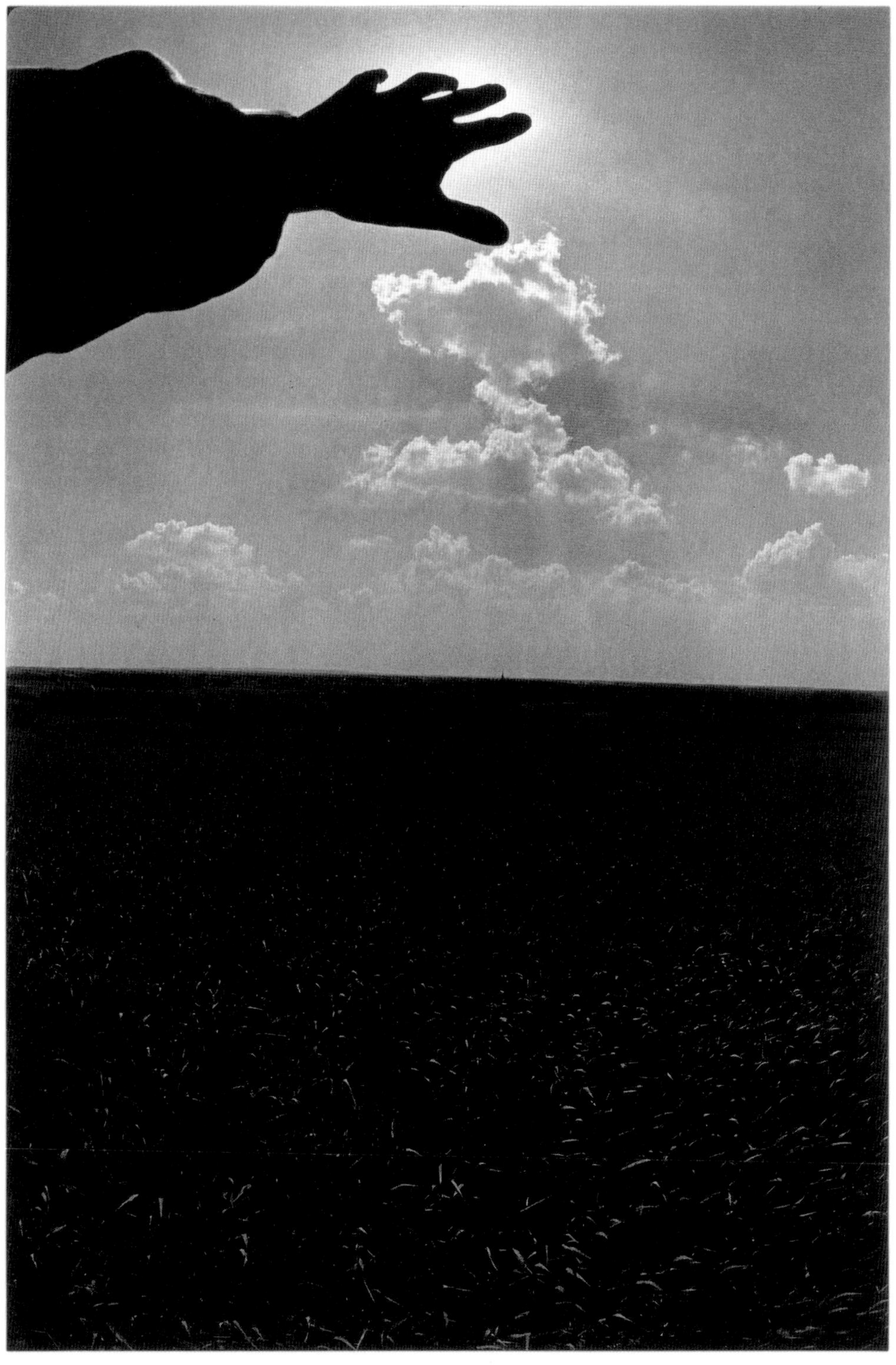

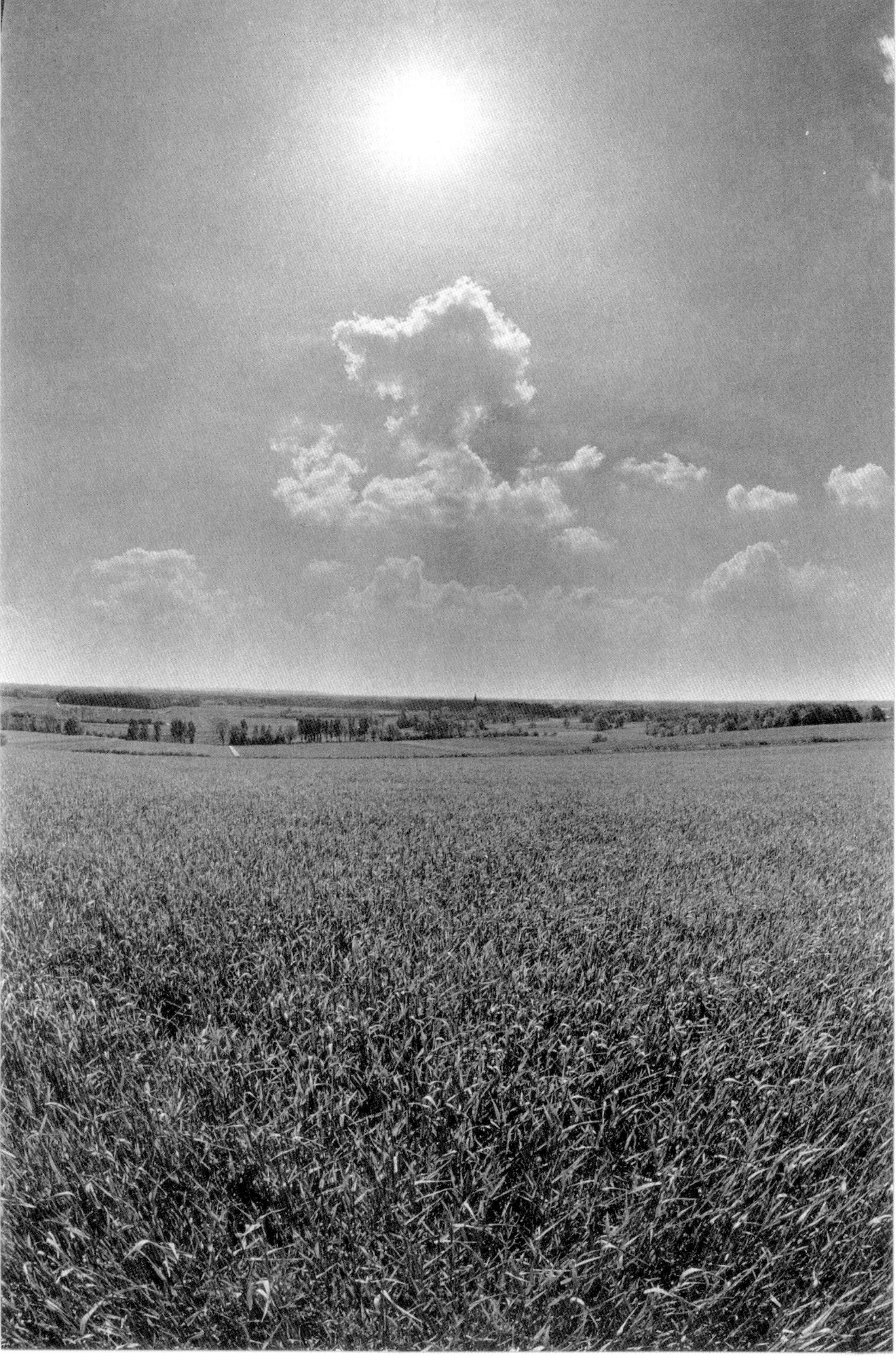

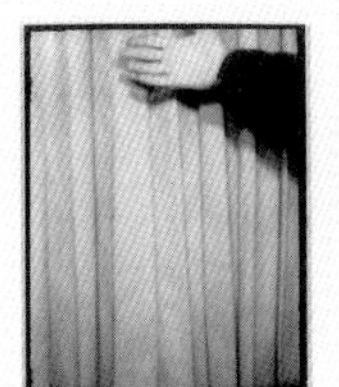

Abbild
Bedeutung

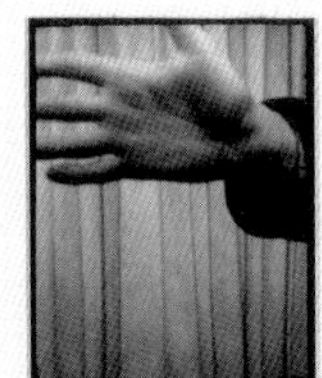

Bedeutung
Abbild

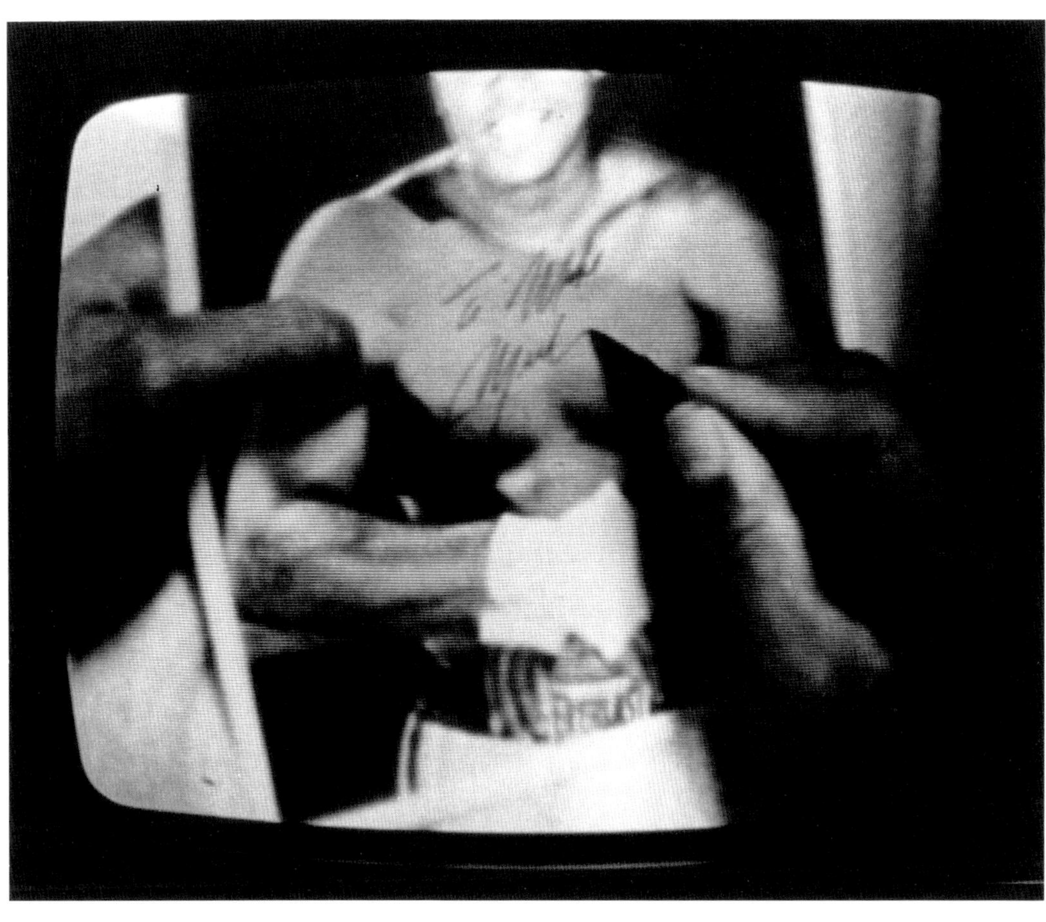

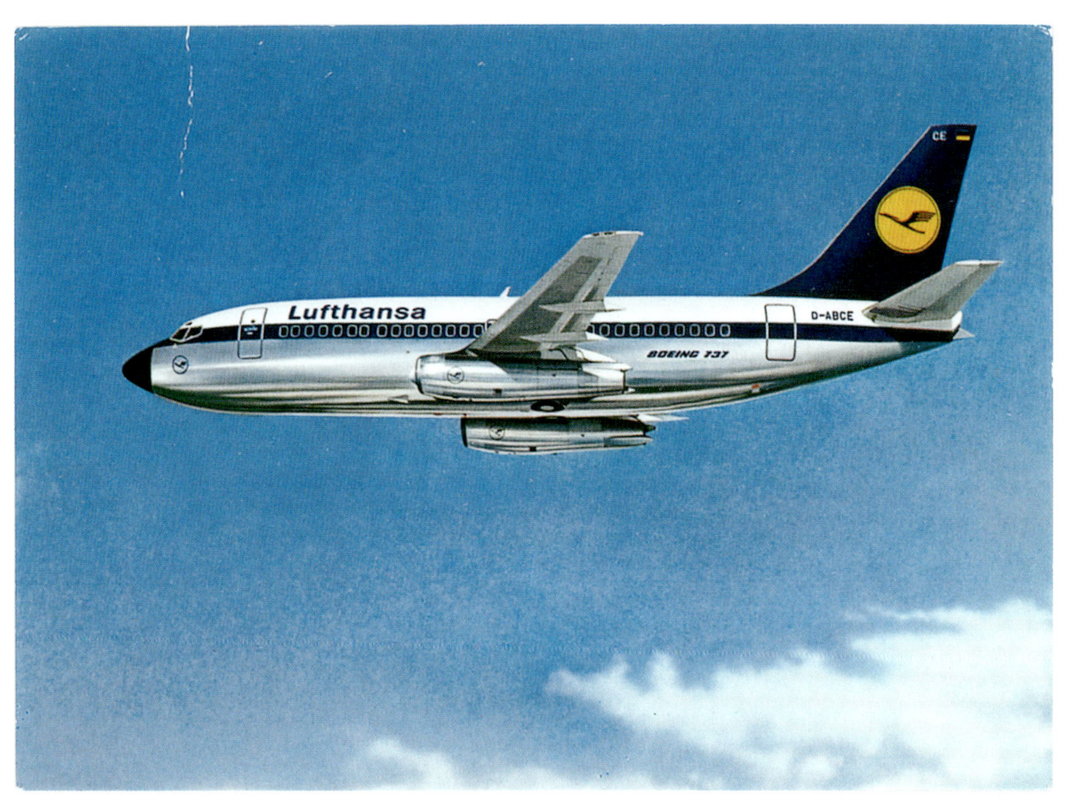
Lufthansa
D-ABCE
BOEING 737
CE

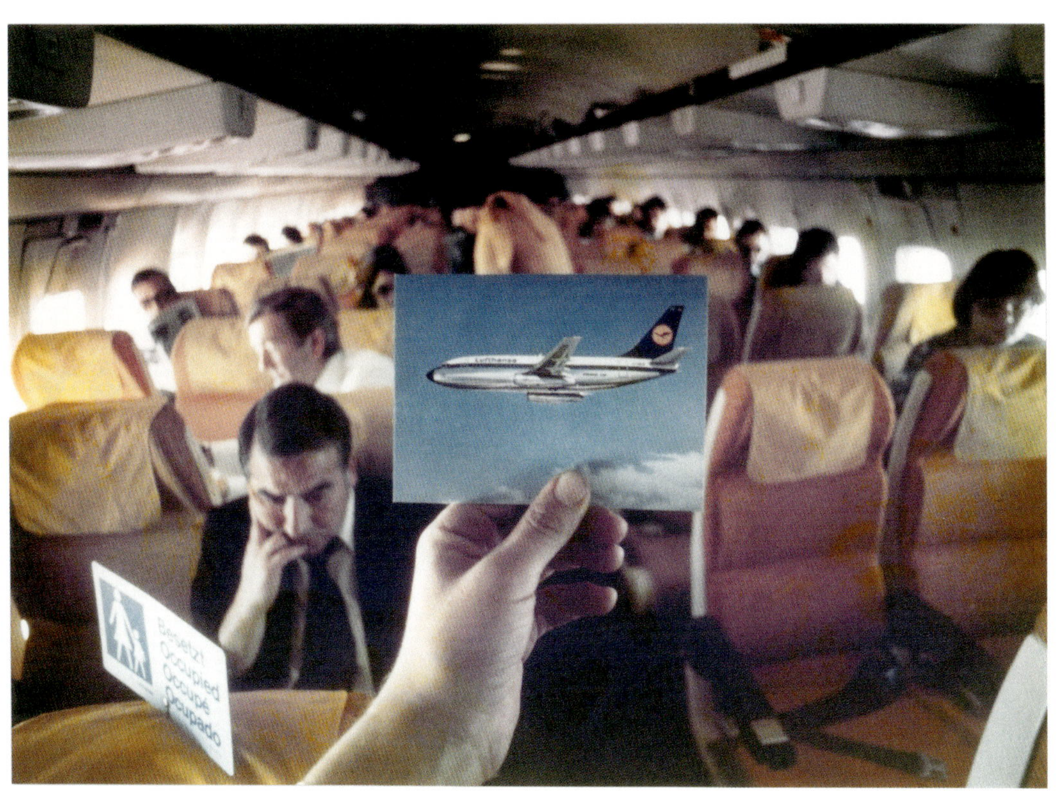
Besetzt
Occupied
Occupé
Ocupado

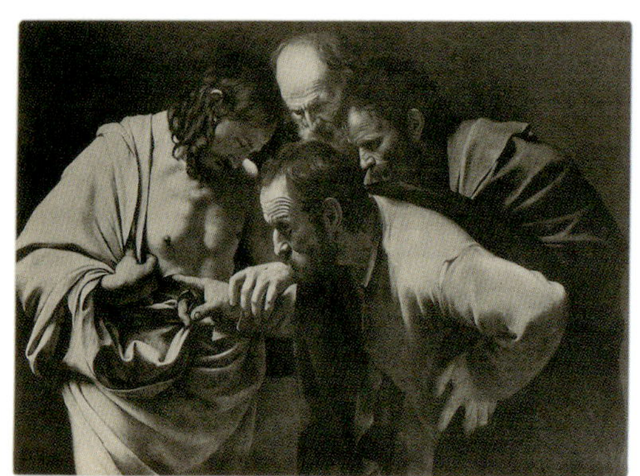

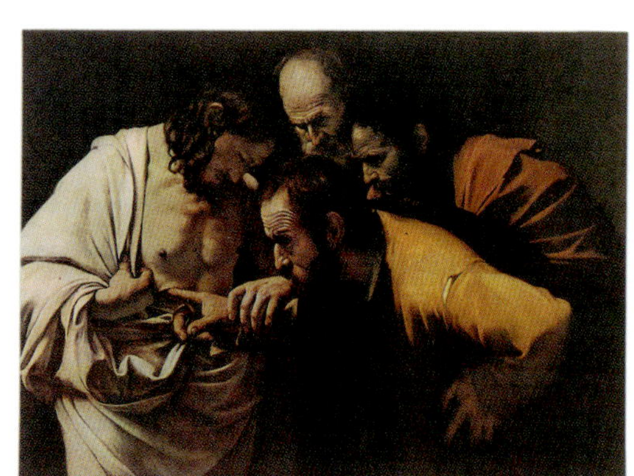

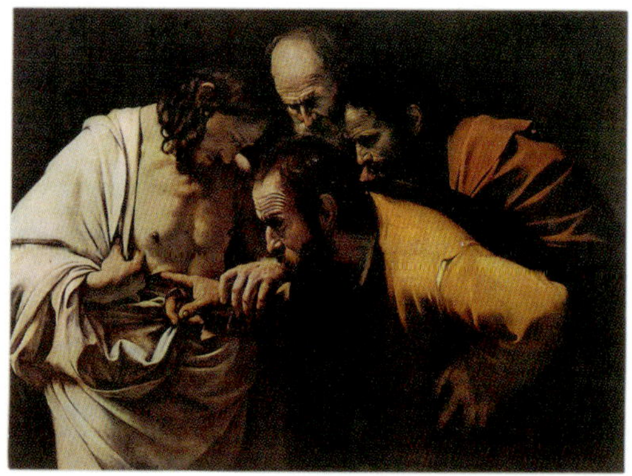

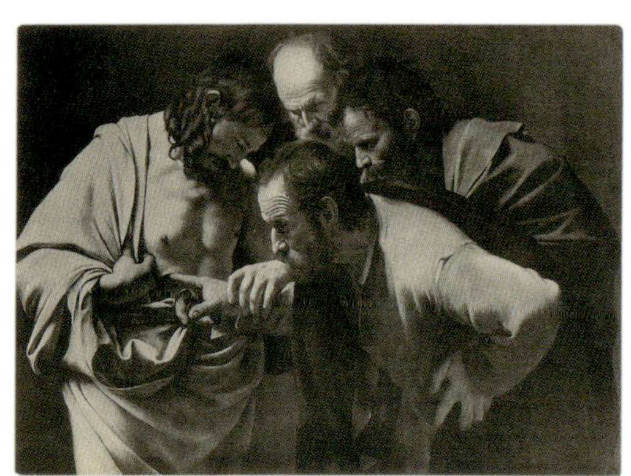

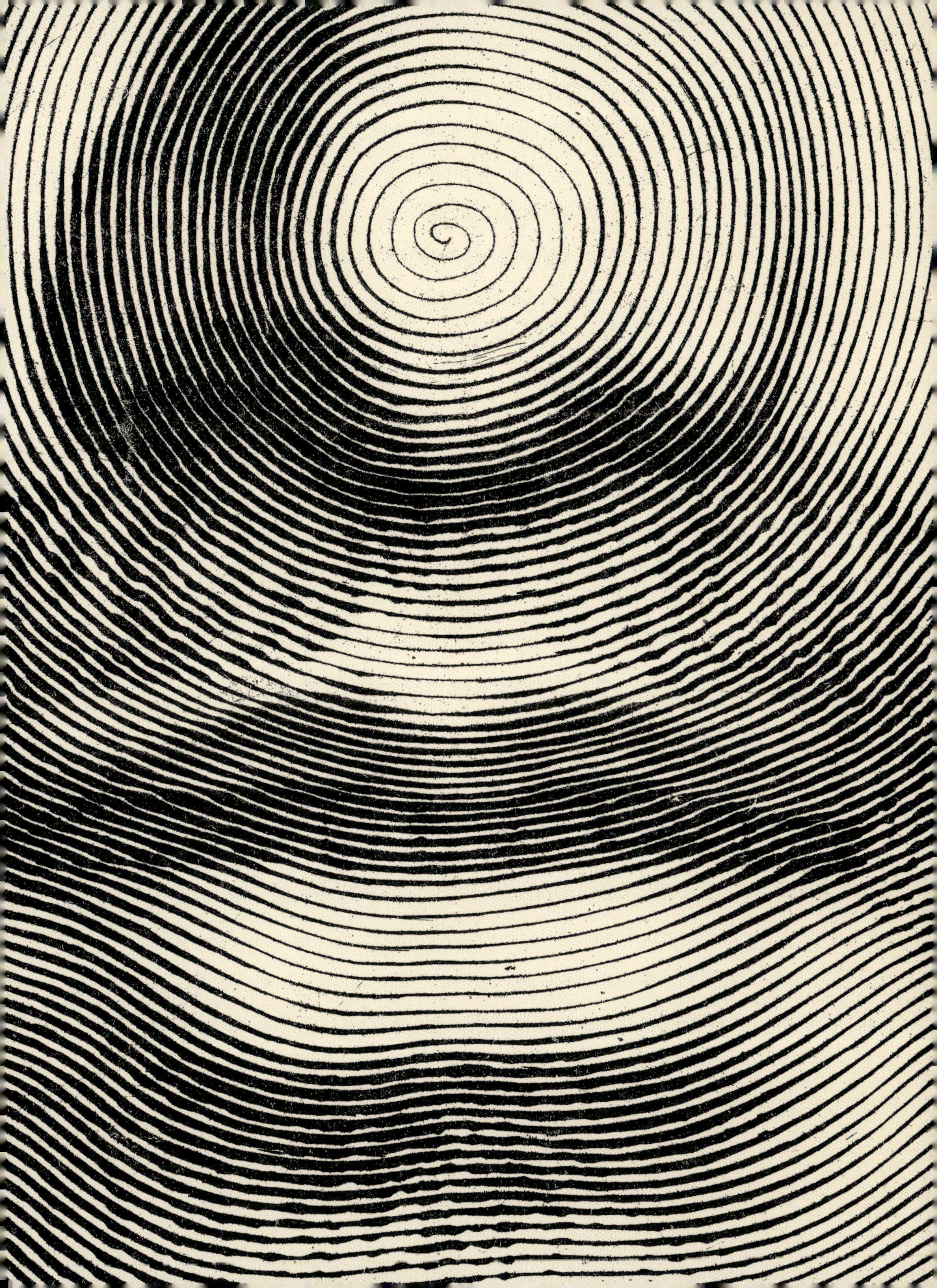

Bildanalytische Fragen in der Druckgrafik

Stephanie Buck

< **II.1**
Detail aus / detail from Claude Mellan,
Schweißtuch der Hl. Veronika – Vera Icon /
The Veil of Veronica – Vera Icon,
1649, Kupferstich / copperplate, Inv. A 67865

Um 1898 entschied der Direktor des Dresdner Kupferstich-Kabinetts, Max Lehrs (1855–1938), Fotografien in die Sammlung aufzunehmen.[1] Damit bekundete der herausragende Kenner der Frühzeit europäischer Druckgrafik seine Anerkennung für die Fotografie als das wichtigste neue Verfahren zur künstlerischen Reproduktion und Aneignung von Wirklichkeit. Im Piktorialismus entwickelte sich um die Jahrhundertwende eine Fotografie, in der die Bilder auf eine rein ästhetische, an Malerei und Zeichnung angelehnte Wirkung zielten und damit ihren künstlerischen Anspruch manifestierten. Indem das Dresdner Kupferstich-Kabinett als eine der ersten öffentlichen Kunstsammlungen in Deutschland Fotografie zum Sammlungsgegenstand erhob, wurde deren Kunstcharakter institutionell anerkannt.[2] Dies war ein wichtiger Schritt, um das Medium zu etablieren. Denn noch am Ende des 19. Jahrhunderts wurde es vielfach gerade von Kupferstechern und Kunstkritikern, Kunsthistorikern und Museumskonservatoren als ein geistloses Reproduktionsmittel, als „industriöse Technik" kritisiert.[3] Hingegen sah man nicht nur in sogenannter Originalgrafik der *Peintre Graveurs*[4], sondern auch in Reproduktionsstichen nach Gemälden, bei denen es um eine möglichst getreue Wiedergabe anderer Kunstwerke mit druckgrafischen Mitteln geht, eine aktive Interpretation der Kupferstecher, denen man in der Umsetzung in die schwarz-weiße Linienkunst neben der schieren kunsthandwerklichen auch eine intellektuelle Leistung attestierte. Bei der Fotografie handele es sich hingegen um eine rein technisch bemerkenswerte Arbeit. Erst im Laufe des 20. Jahrhunderts etablierte sich das Medium zunehmend als eigenständige Kunstform,[5] die nach ganz eigenen Kriterien zu interpretieren und zu bewerten ist, wie Timm Rauterts *Bildanalytische Photographie* programmatisch zeigt. Die Werkgruppe ist als bedeutende Neuerwerbung in die historisch gewachsene Sammlung des Kupferstich-Kabinetts eingegangen und wird fortan in diesem spezifischen musealen Kontext rezipiert werden. Das fordert zu einem Dialog zwischen den reproduzierenden Medien heraus, den unsere Ausstellung aktiv anregen möchte.

In der Forschung beschränkt sich die Gegenüberstellung von Fotografie und Reproduktionsgrafik im Wesentlichen auf die Diskussion der historischen Debatten aus eben jener Frühzeit der Fotografie, als sie einerseits Reproduktionsstecher in ihrer Existenz bedrohte, auf der anderen Seite aber selbst noch um die Anerkennung als eigenständige Kunst rang.
Über den historischen Diskurs hinaus erlaubt der gemeinsame reproduktive Charakter von Druckgrafik und Fotografie jedoch die Frage nach Konstanten und Kontinuitäten in der Selbstreflexion der Medien. Bei der Analyse der visuellen „Grammatik" lässt sich Druckgrafik auch hinsichtlich ihrer experimentellen Entwicklung verschiedener Techniken und ihrer Etablierung als künstlerischer Sammlungsgegenstand produktiv auf Parallelen zur Fotografie befragen. Das Kontinuum, das Lehrs zwischen Fotografie und Druckgrafik erkannte

1 Für eine luzide Einführung in die Sammlungsgeschichte der Fotografie im Dresdner Kupferstich-Kabinett siehe Agnes Matthias, „KunstFotografie – Eine Einführung", in: Agnes Matthias (Hg.), *KunstFotografie. Katalog der Fotografien von 1839 bis 1945 aus der Sammlung des Dresdner Kupferstich-Kabinetts*, Berlin/München: Deutscher Kunstverlag, 2010, S. 16–31.

2 Lehrs stand in engem Austausch mit Alfred Lichtwark, der sich in der Hamburger Kunsthalle für die Fotografie einsetzte und Lehrs angeregt hat; siehe ebd., S. 19.

3 Siehe Henri Delaborde, „Die Fotografie und der Kupferstich. 1856" und Moriz Thausing, „Kupferstich und Fotografie. 1866", in: Wolfgang Kemp/Hubertus von Amelunxen (Hg.), *Theorie der Fotografie*, Bd. 1, München: Schirmer/Mosel, 1980, S. 129–132 und S. 133–142.

4 Adam Bartsch (1757–1821) führte den Begriff des *Peintre Graveur* für Künstler ein, die gleichermaßen als Maler und als Druckgrafiker schöpferisch tätig sind.

5 Stephen Bann, *Parallel Lines. Printmakers, Painters and Photographers in Nineteenth-Century France*, New Haven: Yale University Press, 2001, S. 210.

und mit seiner Entscheidung behauptete, wird anschaulich, wenn ausgewählte Beispiele aus dem jahrhundertealten Bilderkosmos der Druckgrafik Rauterts Werkkomplex aus den Jahren 1968 bis 1974 gegenübergestellt werden, um so den weiteren medienhistorischen Kontext zu markieren. Dieses Zusammensehen bietet sich in Dresden gerade durch die unmittelbare räumliche Nachbarschaft von Fotografie und Druckgrafik in der Sammlung an, bei der die Objekte in den Depots permanent gemeinsamen musealen Raum teilen und damit in der Sammlung – bewusst oder zufällig – zusammen betrachtet werden können, jedoch selten gemeinsam besprochen werden. Die physische Nachbarschaft provoziert das vergleichende Sehen über die Jahrhunderte und die Medien hinweg, wobei vielfältige Blickwinkel möglich sind.

Eine Auswahl von Künstlern und Techniken von der Renaissance bis zur Gegenwart soll im Vergleich mit den Werken Rauterts auf bildliche Gemeinsamkeiten und Unterschiede zwischen der Druckgrafik und der Fotografie aufmerksam machen:
Für Rautert zentrale Fragen nach Autorschaft, Copyright, Serie und Einzelwerk lassen sich ausgehend von Holzschnitten Hans Holbeins des Jüngeren bedenken. Dessen *Todesalphabet* (um 1523/24) ist zwar als Serie mit inhaltlichem Anfang und Ende entworfen, die Buchstaben wurden jedoch als Schmuckinitialen in Büchern einzeln verwendet. Der Gesamtkontext ist – ohne Verweis auf Holbeins Autorschaft – nur in einem Musterblatt des Formschneiders Hans Lützelburger erhalten, der die Holzstöcke besaß und die Schmuckbuchstaben so potentiellen Kunden anbieten konnte.[6] Wichtig in unserem Kontext ist der niederländische Manierist Hendrick Goltzius, da er offensiv die Schöpferkraft des Druckgrafikers propagiert. Sein unvollendeter Kupferstich *Die Anbetung der Hirten* (um 1599) wurde vermutlich erst posthum von seinem Schwiegersohn Jacob Matham publiziert.[7] Als selbstbewusstes Virtuosenstück führt Goltzius die Möglichkeiten des druckgrafischen Mediums vor, das thematische Dichte evozieren kann, ohne das Christuskind als inhaltliches Zentrum zu zeigen. Die Bildvollendung wird hier in die Vorstellung des Betrachters oder der Betrachterinnen verlegt. Die von Matham prominent ins Bild geschriebene Adresse weist das Bild explizit als druckgrafisches Erzeugnis aus. Zentrale Figur für den Medienvergleich ist Rembrandt, berühmt für seine Experimentierfreude als Radierer und als Meister der Lichtregie, der die inhaltliche Nuancierung seiner Kompositionen im elaborierten Werkprozess erreicht, der mit unterschiedlichen Zuständen sowie helleren und dunkleren Abzügen der Druckplatten arbeitet, der durch Gegendrucke Kompositionen umkehrt. Folglich beförderten dessen druckgrafische Werke auf dem Markt eine differenzierte Kennerschaft. Sammler wünschten den Vergleich von Abzügen, deren subtile Unterschiede sich nur dem genauen Blick offenbaren und die im Museum mitunter nebeneinander montiert wurden. Ikonisch ist Claude Mellans berühmtes *Schweißtuch der Hl. Veronika* (1649), mit der Vera Icon, dem „wahren Abbild", das das vollkommene Gesicht Christi samt Tuch und Inschrift („Der Eine und Einzige wurde aus einer Einzigen gebildet") in einer einzigen an- und abschwellenden Spirallinie reproduziert. Das Ur- und Abbild fallen

6 Christian Müller, *Hans Holbein d.J., Die Druckgraphik im Kupferstichkabinett Basel*, Basel: Schwabe, 1997, Nr. 158.

7 Peter W. Parshall, „Unfinished Business. The Problem of Resolution in Printmaking", in: Peter W. Parshall/Stacey Sell/Judith Brodie (Hg.), *The Unfinished Print*, Ausst. Kat. der National Gallery of Art, Washington: Lund Humphries, 2001, S. 14–17.

in eins, und dem so schöpferisch tätigen Künstler wird authentische Schaffenskraft zugesprochen.[8] Die Überwindung der Linie sucht die 1642 erfundene Schabkunst (Mezzotinto), die erstmals in der Geschichte der Druckgrafik graduelles Modulieren erlaubte und in der Reproduktion von Malerei erstaunlich mimetische Wirkungen erzielte.[9] Bei der Schabkunst wird die Druckplatte mit Granierstahl oder Roulette vollständig aufgeraut, bis sie über und über mit winzigen punktförmigen Vertiefungen bedeckt ist. So entsteht ein ebenmäßig erscheinender Grund (vergleichbar mit der fotografischen Körnung), aus dem die Lichter durch glättendes Polieren der Platte herausgeholt werden. Da die Schabkunst somit auf lineare Schraffuren und abstrakte Umrisslinien verzichtet, ist ihre ästhetische Wirkung mit der des fotografischen Bildes verwandt.

Die Auswahl der hier ausgestellten Werke, die in unserer Ausstellung in drei losen thematischen Gruppen im monatlichen Wechsel in den Dialog mit Rauterts Werken treten, gründet und antwortet auf Kernthemen, die in der *Bildanalytischen Photographie* vorgegeben sind. Sie hat sich aus spontanen Erkundungen der Dresdner druckgrafischen Sammlung ergeben und erhebt nicht den Anspruch auf systematische Vollständigkeit. Damit zielt sie weniger auf ein scharf umrissenes Argument, sondern ist vielmehr als Angebot gedacht, weitere Gemeinsamkeiten trotz der grundsätzlichen Verschiedenheit der Medien zu erfragen. Denn der fundamentale Unterschied zu jedweder Druckgrafik bleibt bestehen: In der analogen Fotografie erzeugt das Licht das Bild auf dem Film. Reales Geschehen und Bildentstehung ereignen sich zeitgleich und meist in Anwesenheit des Fotografen.[10] Bildwerdung und Erleben sind somit simultan. Druckgrafik hingegen ist eine retrospektive Leistung. Selbst wenn der Künstler gesehene Wirklichkeit mimetisch wiedergibt, findet diese künstlerische Umsetzung später statt. Insofern sind Parallelen zwischen Fotografie und Grafik auf anderen Ebenen angesiedelt: auf der Ebene der Bildkonzeption, in Fragenkomplexen, die um den Reproduktionscharakter des Bildes kreisen und damit verbunden um die Originalität des einzelnen Bildes, sowie in der Definition von Autorschaft und der Erwartung des Betrachters oder der Betrachterin, im Bild Wirklichkeit (mimetisch reproduziert) zu finden.

8 „Druckgraphik. Transformation, Institutionalisierung und Variabilität eines Mediums", in: Markus A. Castor / Jasper Kettner / Christien Melzer / Claudia Schnitzer (Hg.), *Druckgraphik. Zwischen Reproduktion und Invention*, Berlin/München: Deutscher Kunstverlag, 2010, S. 1.

9 Karin Leonhard/Robert Felfe, *Lochmuster und Linienspiel. Überlegungen zur Druckgrafik des 17. Jahrhunderts*, Freiburg i. Br./Berlin: Rombach, 2006; Frithjof Schwartz, „Die Schabkunst im Spannungsfeld von Wahrnehmung, Kunsttheorie und der Meisterschaft englischer Künstler", in: Eva-Maria Hanebutt-Benz / Isabella Fehle (Hg.), *Die also genannte Schwarze Kunst in Kupfer zu arbeiten. Technik und Entwicklung des Mezzotintos*, Ausst. Kat., Gutenberg-Museum Mainz und Galerie Albstadt, Städtische Kunstsammlungen, Berlin, Berlin/München: Deutscher Kunstverlag, 2009, S. 165–176; Anne Katrin Sors (Hg.), *Die Englische Manier - Mezzotinto als Medium druckgrafischer Reproduktion und Innovation*, Ausst. Kat. Göttinger Universitätskunstsammlung, Göttingen, 2014; Werner Busch, *Joseph Wright of Derby, Das Experiment mit der Luftpumpe. Eine heilige Allianz zwischen Wissenschaft und Religion*, Frankfurt am Main: Fischer Taschenbuch, 1986.

10 Der selbstauslösende Fotoautomat ist ein Sonderfall.

I. Autorschaft, Text und Bild, Einzelbild und Serie

I.1
Hans Holbein der Jüngere (1497/98–1543), *Lateinische Grossbuchstaben*, sogenanntes *Todesalphabet*, um 1523/24, Holzschnitte von Hans Lützelburger (gest. 1526), Probedruck aller Buchstaben auf einem Blatt. Inschrift „Hans Lützelburger/formschnider/genant Franck.", 226 × 283 mm, Inv. A 2607
I.2 Initiale O aus dem *Todesalphabet*, um 1523/24, geschnitten von Hans Lützelburger, sowie elf lateinische Initialen von Nachfolgern, alle Buchstaben ausgeschnitten und gemeinsam auf Untersatzkarton montiert, je ca. 25–27 × 25–27 mm, Inv. KG 6816 und KG 6805–6815

I.3
Hendrick Goltzius (1558–1617), *Die Anbetung der Hirten*, um 1599, Kupferstich und Kaltnadel, erster Zustand, Inschrift „Cum privil Sa. Cae. Mtis./HGoltzius Fecit/I. Matham excud.", 213 × 155 mm, Inv. A 1910–437
I.4 *Die Anbetung der Hirten*, um 1599 (1615), Kupferstich und Kaltnadel, fünfter Zustand, Inschrift „Cum privil Sa. Cae. Mtis./HGoltzius Fecit/I. Matham excud./1615", 205 × 154 mm, Inv. A 34711

I.5/6
Rembrandt Harmenszoon van Rijn (1606–1669), *Beschneidung Christi*, um 1630, Radierung mit Kaltnadel, 88 × 64 mm, Inv. A 40420 und A 40421 Beide Abzüge der in einem einzigen Zustand bekannten Radierung[11] wurden um 1900 im Dresdner Kupferstich-Kabinett fest nebeneinander montiert.
I.7 *Hl. Hieronymus im dunklen Zimmer*, 1642, Radierung, Kupferstich und Kaltnadel, zweiter Zustand, unten mittig signiert und datiert „Rembrandt f 1642.", 152 × 177 mm, Inv. A 40494 und Inv. A 40493, ein von Jean de Bary (gest. 1759) von Rembrandts originaler Kupferplatte genommener Abzug aus der ersten Hälfte des 18. Jahrhunderts mit schwerem Plattenton.[12] Das Blatt ist in Heuchers Verzeichnis von 1744 für die Dresdner Sammlung belegt. Die Doppelmontierung dieses späten Abzugs mit dem aus Rembrandts Zeit erfolgte um 1900. Die Gegenüberstellung eröffnet den Bezug zur Fotografie allgemein, in der die Unterscheidung zwischen Vintage und Reprint wesentlich ist.

I.1/2

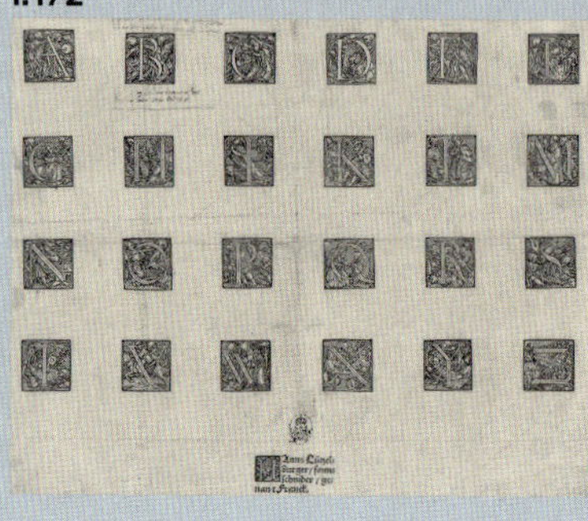

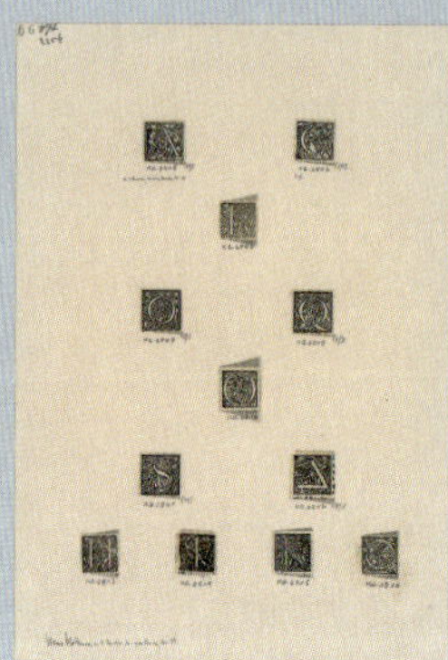

I.3/4

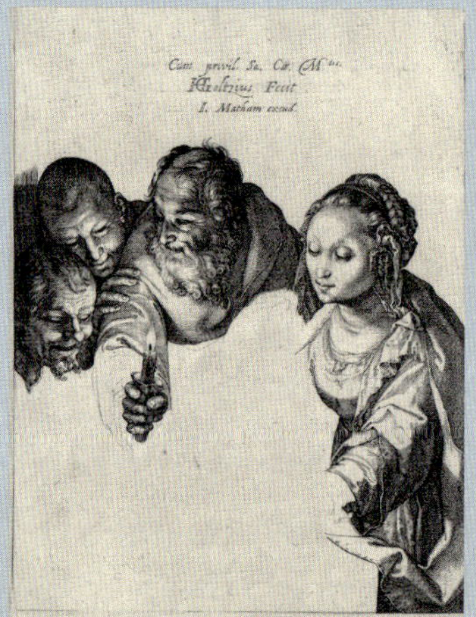

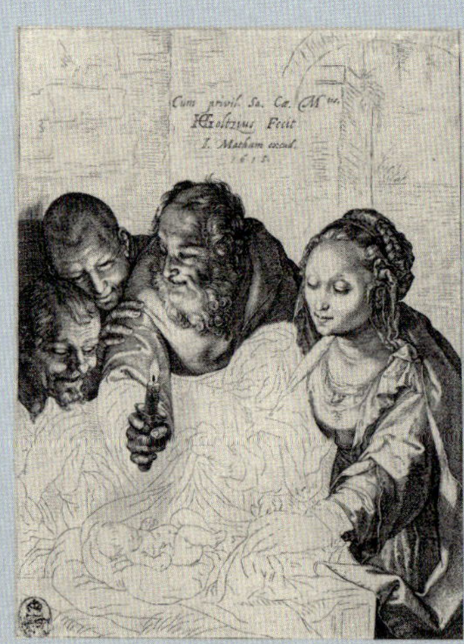

I.5/6

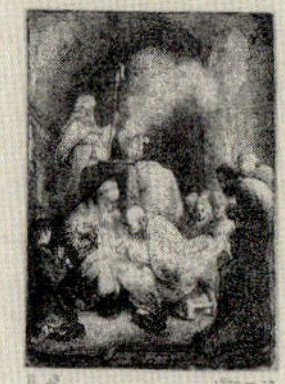

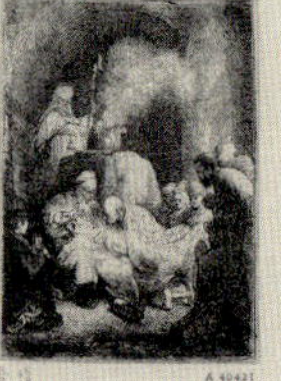

I.7

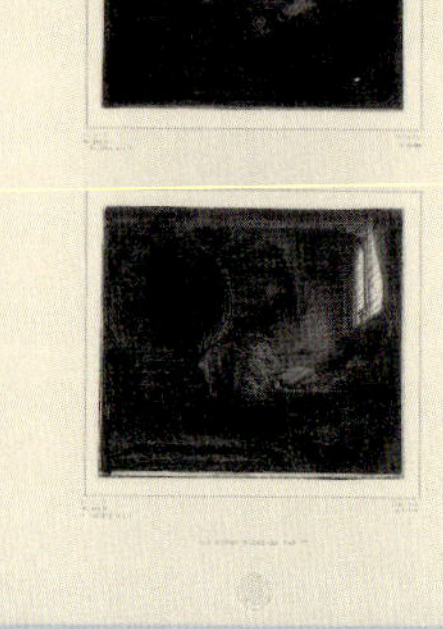

11 Hinterding/Rutgers (NHD), Nr. 55; Dittrich 1969, Nr. 10–11.
12 Hinterding/Rutgers (NHD), Nr. 212, siehe auch ebd. S. lix–lx; Dittrich 1969, Nr. 193–194.
13 Hinterding/Rutgers (NHD), Nr. 214; Dittrich 1969, Nr. 202–203.
14 Hinterding/Rutgers (NHD), Nr. 269; Dittrich 1969, Nr. 320–321.

II. Schöpfung, Experiment und Reproduktion

II.1
Claude Mellan (1598–1688), *Schweißtuch der Hl. Veronika – Vera Icon*, 1649, Kupferstich, Inschrift „FORMATUR, UNICUS, UNA – NON ALTER", 423 × 318 mm, Inv. A 67865

II.2
Valentine Green (1739–1813), nach Joseph Wright of Derby (1734–1797), *Das Experiment mit dem Vogel in der Luftpumpe*, 1769, Schabkunst, 482 × 588 mm, Inv. A 1920–389
Den für die Schabkunst typischen gekörnten Grund hat Green am unteren Rand stehen gelassen.

II.3/4
Giovanni Antonio Canal (1697–1768), „Der Prato della Valle in Padua mit der Kirche Santa Giustina" (in zwei Hälften), ca. 1735–46, aus der Folge *Vedute altre prese da i luoghi altre ideate da Antonio Canal*, Radierung, je Platte ca. 299/300 × 430 mm, Inv. A 1899–925/926

Canalettos weites Panorama gibt vor, den riesigen Platz des Prato della Valle als Ganzes kontinuierlich zu überschauen. Doch trügt der Schein, da der Künstler die Ansicht kunstvoll konstruierte. Darauf verweist auch die unten rechts auf der linken Komposition platzierte winzige Figur, deren Mantel auf die rechte Blatthälfte übergreift.

II.1

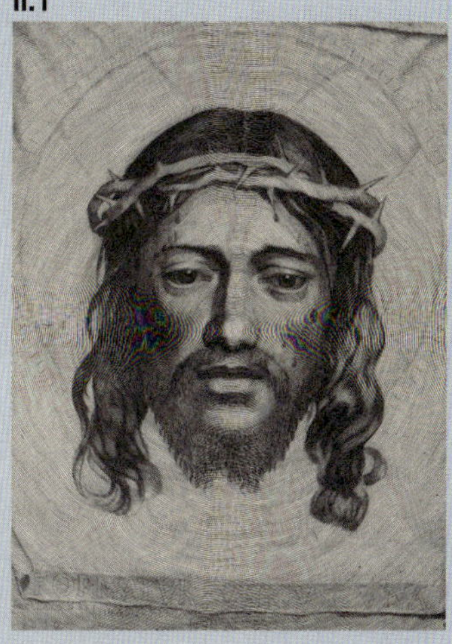

II.2

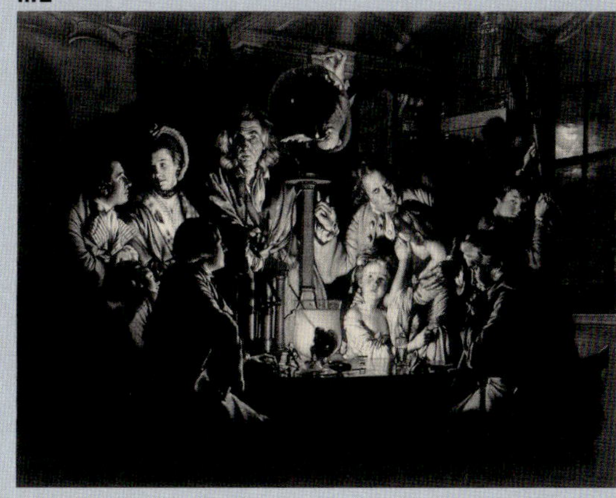

II.3/4

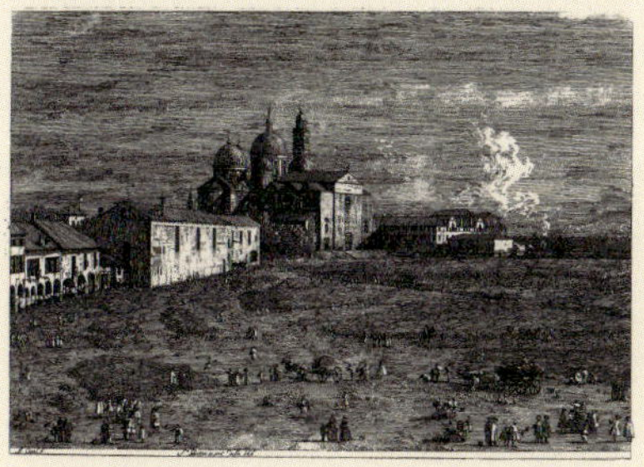

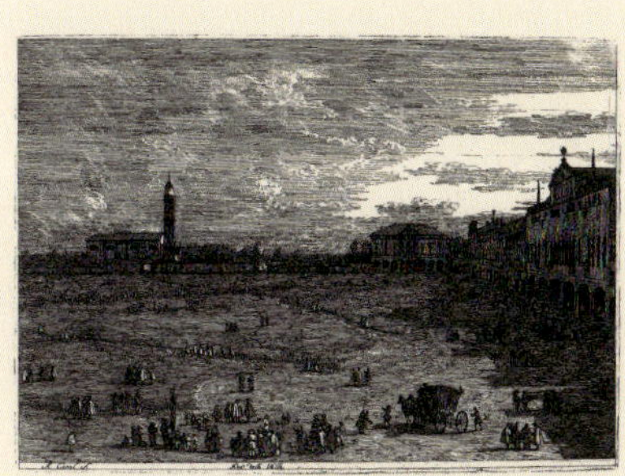

III. Spiegelungen, Verkehrungen und Variationen

III.1/2
Rembrandt Harmenszoon van Rijn (1606–1669), *Landschaft mit den drei Bäumen*, 1643, Radierung, Kupferstich und Kaltnadel, 211 × 279 mm, spätere Umfassungslinie mit schwarzer Feder, Inv. A 40732 und Gegendruck, 209 × 281 mm, spätere Umfassungslinie in schwarzem Stift, Inv. A 40590[13]
III.3/4 *Christus am Ölberg*, um 1652, Radierung und Kaltnadel, erster Zustand, 111 × 84 mm, Inv. A 40463, 110 × 84 mm (Platte); 119 × 87 mm (Blatt), Inv. A 40464[14]

III.5/6
Hendrick Goltzius (1558–1617), *Proserpina*, ca. 1588–90, Farbholzschnitt von drei Stöcken (schwarz, oliv und ocker), links durch Aussparung monogrammiert „HG", 345 × 257 mm (oval), Inv. A 34728
Proserpina, ca. 1588–90, Farbholzschnitt von drei Stöcken (schwarz, dunkel und hell-rotbraun), links durch Aussparung monogrammiert „HG", 350 × 261 mm (oval), A 34729

Farbholzschnitte arbeiten mit mehreren Stöcken. Durch unterschiedliche Einfärbung lassen sich verschiedene Bildwirkungen erzielen. Vergleichbar ist die Arbeit in der Dunkelkammer, bei der das Negativ unverändert bleibt, jedoch großer Variantenreichtum innerhalb der Abzüge möglich ist.

III.7
Georg Baselitz (geb. 1938), *Adler*, 1977, Linolschnitt, Platte positiv und negativ als Hochdruck und als Tiefdruck gedruckt, Auflage 2 Expl., 1/2, unten rechts bezeichnet, datiert und signiert „Nr. 1, 23. Febr. 1977, G. Baselitz", 305 × 540 mm, Stiftung G. und A. Gercken

III.1/2

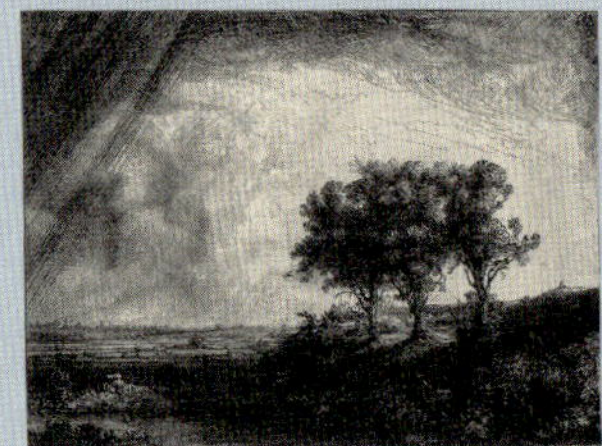
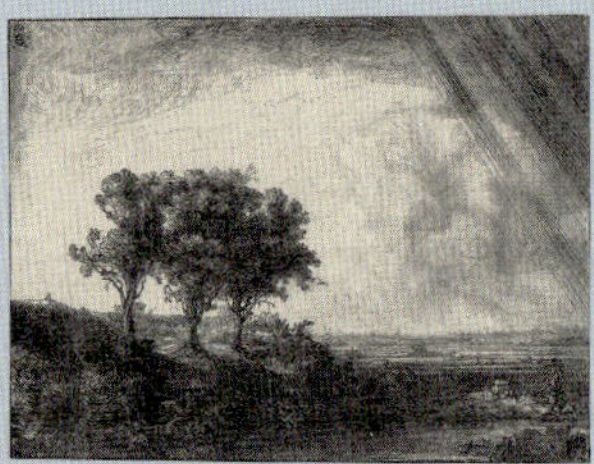

III.3/4

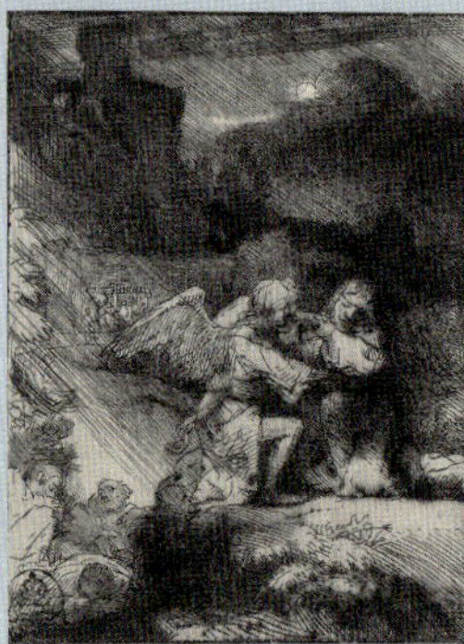
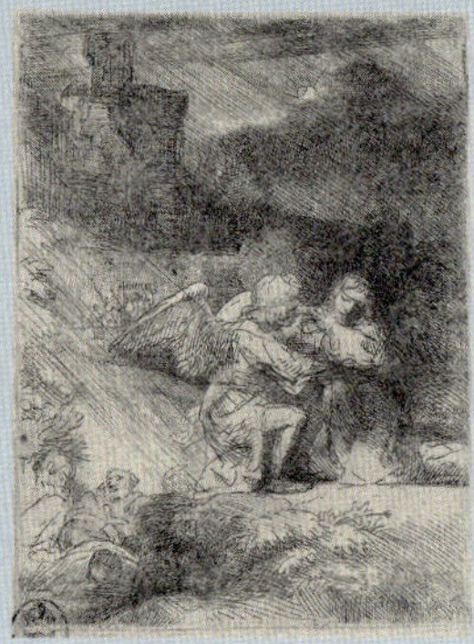

III.5/6

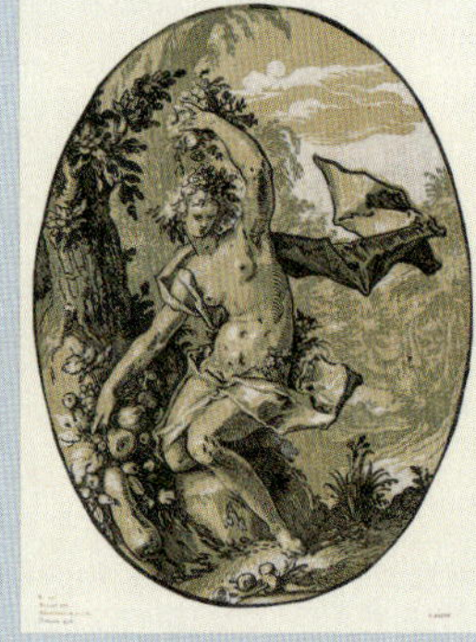
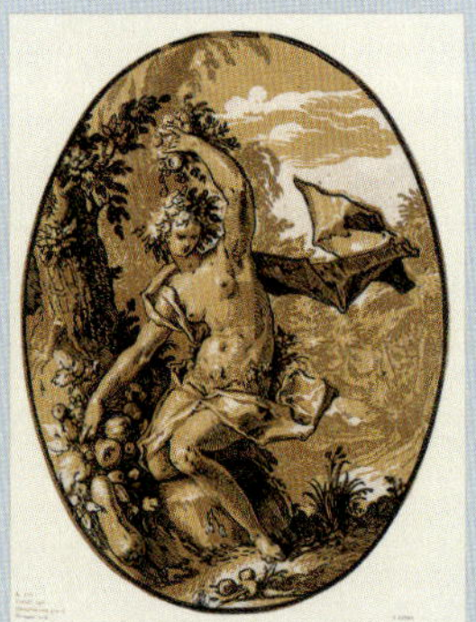

III.7

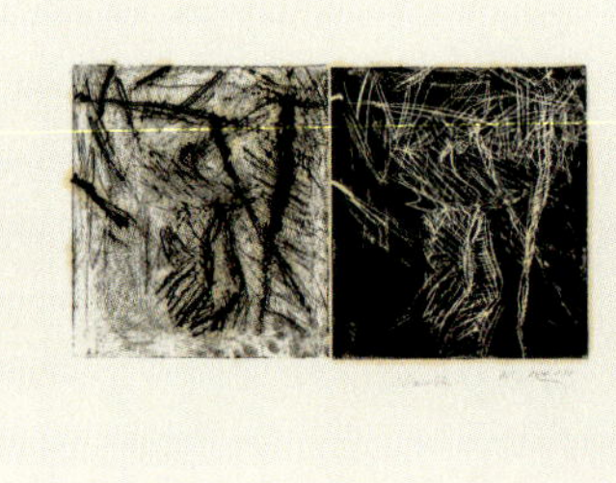

Abgekürzt zitierte Literatur

Dittrich 1969
Christian Dittrich, *Rembrandt. Die Radierungen im Dresdener Kupferstich-Kabinett*, Dresden: Staatliche Kunstsammlungen, 1969.
Hinterding/Rutgers (NHD)
Erik Hinterding/Jaco Rutgers, *Rembrandt. The New Hollstein Dutch & Flemish Etchings, Engravings and Woodcuts, 1450–1700*, hg. von Ger Luijten, Ouderkerk aan den Ijssel: Sound & Vision Publishers, 2013.

I. Authorship, Text and Image, Individual Images and Series

I.1
Hans Holbein the Younger (1497/98–1543), *Latin Characters* so-called *Death Alphabet*, ca.1523/24, woodcuts by Hans Lützelburger (died 1526), proof of all the letters on a single sheet. Inscription: "Hans Lützelburger/formschnider/genant Franck." 226 × 283 mm, Inv. A 2607
I.2 Initial O from *Death Alphabet*, ca. 1523/24, cut by Hans Lützelburger, as well as eleven Latin initials of followers, all characters are cut out and mounted on cardboard, each ca. 25–27 × 25–27 mm, Inv. KG 6816 and KG 6805-6815

I.3
Hendrick Goltzius (1558–1617), *The Adoration of the Shepherds*, ca. 1599, engraving and drypoint, first state, inscription "Cum privil Sa. Cae. Mtis./HGoltzius Fecit/I. Matham excud./1615", 213 × 55 mm, Inv. A 1910-437.
I.4 *The Adoration of the Shepherds*, ca. 1615, engraving and drypoint, fifth state, inscription "Cum privil Sa. Cae. Mtis./HGoltzius Fecit/I. Matham excud.," 205 × 154 mm, Inv. A 34711

I.5/6
Rembrandt Harmenszoon van Rijn (1606–1669), *Circumcision of Christ*, ca. 1630, etching with drypoint, 88 × 64 mm, Inv. A 40420 and A 40421
In 1900, both copies of the print that only exist in one state were mounted side by side in the Dresden Kupferstich-Kabinett.[11]
I.7 *Saint Jerome in a Dark Chamber*, 1642, etching, engraving, and drypoint, second state, bottom middle signed and dated "Rembrandt f 1642." 152 × 177 mm, Inv. A 40494 and Inv. A 40493, a print made by Jean de Bary (died 1759) from Rembrandt's original copperplate in the first half of the eighteenth century with a heavy plate tone.[12] The print is listed in Heucher's directory from 1744 for the Dresden collection. The double mounting of this late print with the early one from Rembrandt's time was carried out around 1900. The juxtaposition opens the reference to photography, in general, in which the distinction between vintage and reprint is essential.

II. Creation, Experiment, and Reproduction

II.1
Claude Mellan (1598–1688), *The Veil of Veronica – Vera Icon*, 1649, engraving, inscription "FORMATUR, UNICUS, UNA – NON ALTER," 423 × 318 mm, Inv. A 67865

II.2
Valentine Green (1739–1813), after Joseph Wright of Derby (1734–1797), *An Experiment on a Bird in the Air Pump*, 1769, mezzotint, 482 × 588 mm, Inv. A 1920-389
Green has left the typical grained ground of mezzotint at the bottom edge.

II.3/4
Giovanni Antonio Canal (1697–1768), "The Prato della Valle with Santa Giustina" (in two halves), ca. 1735–46, from the series *Vedute altre prese da i luoghi altre ideate da Antonio Canal*, etching, each plate ca. 299/300 × 430 mm, Inv. A 1899-925/926

Canaletto's wide panorama seems to overlook the huge square of Prato della Valle continuously as a whole. But appearances are deceptive, as the artist composed the view artfully. This is also indicated in a tiny figure placed at the bottom right on the left part of the composition whose coat overlaps onto the right sheet.

11 Hinterding/Rutgers (NHD), no. 55; Dittrich 1969, nos. 10–11.
12 Hinterding/Rutgers (NHD), no. 212; see also ibid. pp. lix-lx; Dittrich 1969, nos. 193–194.
13 Hinterding/Rutgers (NHD), no. 214; Dittrich 1969, nos. 202–203.
14 Hinterding/Rutgers (NHD), no. 269; Dittrich 1969, nos. 320–321.

III. Reflections, Inversions, and Variations

III.1/2
Rembrandt Harmenszoon van Rijn (1606–1669), *Landscape with Three Trees*, 1643, etching, engraving, and drypoint, 211 × 279 mm, later border lines with black pen, Inv. A 40732 and counterproof, 209 × 281 mm, later border lines in black pen and ink, Inv. A 40590[13]
III.3/4 *Christ on the Mount of Olives*, ca. 1652, etching and drypoint, first state, 111 × 84 mm, Inv. A 40463, 110 × 84 mm (plate); 119 × 87 mm (sheet), Inv. A 40464[14]

III.5/6
Hendrick Goltzius (1558–1617), *Proserpina*, ca. 1588–90, color woodcut from three blocks of wood (black, olive, and ocher), monogrammed by left recess "HG," 345 × 257 mm (oval), Inv. A 34728
Proserpina, ca. 1588–90, color woodcut from three blocks of wood (black, dark, and light reddish brown), monogrammed by left recess "HG," 350 × 261 mm (oval), Inv. A 34729

Color woodcuts work with several woodblocks. Through the different coloring, various pictorial effects are achieved. It is comparable to the work in the darkroom, in which the negative remains unchanged, but a great number of variants within the prints is possible.

III.7
Georg Baselitz (born 1938), *Adler* [Eagle], 1977, linocut, plate positively and negatively printed, edition of 2, 1/2, signed at the bottom right, marked and dated "Nr. 1, 23. Febr. 1977, G. Baselitz," 305 × 540 mm, G. and A. Gercken Foundation.

Abbreviated References Cited
Dittrich 1969
Christian Dittrich, *Rembrandt. Die Radierungen im Dresdener Kupferstich-Kabinett*, Dresden: Staatliche Kunstsammlungen, 1969.
Hinterding/Rutgers (NHD)
Erik Hinterding/Jaco Rutgers, Rembrandt. *The New Hollstein Dutch & Flemish Etchings, Engravings and Woodcuts, 1450–1700*, ed. by Ger Luijten, Ouderkerk aan den IJssel: Sound & Vision Publishers, 2013.

Image-Analytical Questions in Printmaking

Stephanie Buck

Around 1898, Max Lehrs (1855–1938), the director of Dresden's Kupferstich-Kabinett, decided to include photographs in the collection.[1] In doing so, this prominent expert on the beginnings of European printmaking expressed his recognition of photography as the most important new method in artistic reproduction and the appropriation of reality. In pictorialism, around the turn of the century, a kind of photography was developed in which the images aimed at a purely aesthetic appearance that was inspired by painting and drawing, thereby manifesting their artistic claim. As one of the first public art collections in Germany to raise photographs to objects worthy of collection, the Dresden Kupferstich-Kabinett institutionally acknowledged them as works of art.[2] This was an important step in establishing the medium. Because, even at the end of the nineteenth century, it was widely criticized as a spiritless means of reproduction or as "industrious art" by printmakers, art critics, art historians, and museum curators.[3] In contrast, one saw, not only in the so-called original prints of the *peintres-graveurs,*[4] but also in reproductive engravings after paintings (which aim at the truest possible imitation of other artworks through the means of a graphic language) an active interpretation of the printmaker. The translation into the art of black-and-white lines was appreciated as sheer craft, but also understood as an intellectual achievement. In contrast, photography was considered remarkable merely for its technical accuracy. It was only in the course of the twentieth century that the medium increasingly established itself as an independent art form[5] that could be interpreted and evaluated by its own criteria, as is programmatically shown by Timm Rautert's *Bildanalytische Photographie* [Image-Analytical Photography]. The group of works has arrived as a significant new acquisition in the historically established collection of the Kupferstich-Kabinett and will be received within this specific museum context from now on. This provokes a dialogue between the reproductive media, which our exhibition actively wants to encourage.

Research on the juxtaposition of photography and prints is usually limited to the discussion of the historical debates from the very early days of photography, when the latter not only threatened the existence of engravers, but also struggled for recognition as an autonomous art. Even beyond the historical discussion, the common reproductive character of printmaking and photography allows for the question of constants and continuities in the media's self-reflection. When analyzing the visual "grammar," printmaking questions productive parallels to photography – also with regard to its experimental development of different techniques and its establishment as an artistic object to be collected. The continuum that Lehrs recognized between photography and printmaking, and asserted by his decision, becomes evident when Rautert's works from the years between 1968 and 1974 are compared to selected examples from the centuries-old pictorial cosmos of printmaking in order to highlight the broader media-historical context. The Dresden collection lends itself to presenting these works side by side because of the close physical proximity of photography and printmaking in the store, where the objects in the collection share permanent common museum space and thus – consciously or by chance – can be seen and experienced together yet will only rarely be discussed together. Their physical closeness provokes comparison through the centuries and media, with many different angles of perspective.

A selection of artists and techniques, from the Renaissance to the present, should draw attention to the pictorial similarities and differences in printmaking and photography in comparison to Rautert's works: Rautert is concerned with core questions of authorship, copyright, series, and single works, which can be considered starting with woodcuts from Hans Holbein the Younger. His *Death Alphabet is* designed as a series with a textual beginning and end; the letters, however, were used individually as decorative initials in books. The overall context is – without reference to Holbein's authorship – only preserved in a proof or pattern print from the woodcutter Hans Lützelburger, who owned the woodblocks and could offer the decorative letter designs to potential customers.[6] In our context, the Dutch mannerist Hendrick Goltzius bears significance, as he openly promoted the creative power of the printmaker. His unfinished engraving, *The Adoration of the Shepherds*, was most likely first published posthumously by his son-in-law, Jacob Matham.[7] As a self-confident virtuoso, the possibilities of the medium of printmaking are presented which can evoke thematic complexity without showing the Christ Child as the iconographic center. The completion of the image is transferred to the imagination of the viewer. The address prominently written in the picture by Matham shows that the image is explicitly considered as a product of printmaking. Rembrandt is the central figure for media comparison, famous for his eagerness to experiment as an etcher; a master of lighting, who achieved the nuances contained within his compositions through elaborate work processes, who worked with various states as well as lighter and darker impressions from the printing plates, and who reverted compositions by counter-proofing etchings. Consequently, his printed works promoted a sophisticated connoisseurship. Collectors wanted to compare copies whose subtle differences were only revealed with a closer look – some of which were later mounted side by side in the museums. Claude Mellan's famous *The Veil of Veronica*, with the Vera Icon, or "true image," reproduces the full face of Christ together with the cloth and its inscription ("the unique one made by one [like] no other") with a single swelling and ebbing spiral line. The archetype and the depiction fall into one, and so the inventive artist is awarded creative energy.[8] Invented in 1642, mezzotint, which, for the first time in the history of printmaking, enabled gradual modulation and achieved remarkable mimetic effects in the reproduction of painting, sought to overcome the line.[9] With mezzotint, the printing plate is roughened with rockers or roulettes until it is completely covered with small dot-shaped recesses. The result is an evenly appearing base (similar to photographic grain), from which the lights are taken out through the smooth burnishing of the plate. Because mezzotint refrains from linear hatching and abstract outlines, the aesthetic effect is akin to that of the photographic image.

The selection of works exhibited here, comes in three loose thematic groups that are changed monthly. The prints enter into dialogue with Rautert's work. The selection is based on key issues suggested by *Bildanalytische Photographie*. It is a result of spontaneous exploration of Dresden's print collection and does not claim to be comprehensive. Thus, it aims less at a clear-cut argument, but is rather intended as an offer, an inquiry about further commonalities despite fundamentaldifferences in media. The basic differences to printmaking remain: in analog photography, light creates the image on the film. Real events and the formation of the image occur concurrently and usually in the presence of the photographer.[10] The creation of the image and the experience are thus simultaneous. However, printmaking is a retrospective achievement. Even if the artist mimetically reproduces viewed reality, this artistic implementation occurs later. In this respect, parallels between photography and prints are established on different levels: on the level of visual conception; in a range of questions that revolve around the reproductive character of the image and are therefore associated to the originality of the individual image; and in the definition of authorship and the expectation of the viewer to find (mimetically reproduced) reality in the image.

1 For a lucid introduction to the history of the photography collection in the Dresden Kupferstich-Kabinett, see Agnes Matthias, "KunstFotografie – Eine Einführung," in Agnes Matthias, *KunstFotografie: Katalog der Fotografien von 1839 bis 1945 aus der Sammlung des Dresdner Kupferstich-Kabinetts* (Berlin / Munich: Deutscher Kunstverlag, 2010), pp. 16 – 31.

2 Lehrs was in close contact with Alfred Lichtwark, who inspired Lehrs as he supported the collecting of photographs at the Hamburger Kunsthalle: see ibid., p. 19.

3 See Henri Delaborde, "Die Fotografie und der Kupferstich. 1856" and Moriz Thausing, "Kupferstich und Fotografie. 1866," in: Wolfgang Kemp / Hubertus von Amelunxen (ed.), *Theorie der Fotografie*, vol. 1 (Munich: Schirmer / Mosel, 1980), pp. 129 – 132 and pp. 133 – 142.

4 Adam Bartsch (1757 – 1821) introduced the concept of the *peintre-graveur* for artists who were creatively active both as painters and printmakers.

5 Stephen Bann, *Parallel Lines: Printmakers, Painters and Photographers in Nineteenth-Century France* (New Haven: Yale University Press, 2001), p. 210.

6 Christian Müller, *Hans Holbein d.J., Die Druckgraphik im Kupferstichkabinett Basel* (Basel: Schwabe, 1997), no. 158.

7 Peter W. Parshall, "Unfinished Business: The Problem of Resolution in Printmaking," in: Peter W. Parshall / Stacey Sell / Judith Brodie (eds.), *The Unfinished Print*, exh. cat. (National Gallery of Art, Washington: Lund Humphries, 2001), pp. 14 – 17.

8 "Druckgraphik. Transformation, Institutionalisierung und Variabilität eines Mediums," in: Markus A. Castor / Jasper Kettner / Christien Melzer / Claudia Schnitzer (eds.), *Druckgraphik: zwischen Reproduktion und Invention* (Berlin/Munich: Deutscher Kunstverlag, 2010), p. 1.

9 Karin Leonhard / Robert Felfe, *Lochmuster und Linienspiel. Überlegungen zur Druckgrafik des 17. Jahrhunderts* (Freiburg i. Br./ Berlin: Rombach, 2006); Frithjof Schwartz, "Die Schabkunst im Spannungsfeld von Wahrnehmung, Kunsttheorie und der Meisterschaft englischer Künstler," in: Eva-Maria Hanebutt-Benz / Isabella Fehle (eds.), *Die also genannte Schwarze Kunst in Kupfer zu arbeiten: Technik und Entwicklung des Mezzotintos*, exh. cat. Gutenberg Museum in Mainz and Galerie Albstadt, Municipal Art Collections, Berlin (Berlin / Munich: Deutscher Kunstverlag, 2009), pp. 165 – 176; Anne Katrin Sors (ed.), *Die Englische Manier / Mezzotinto als Medium druckgrafischer Reproduktion und Innovation*, exh. cat. (Göttingen University Art Collection, Göttingen, 2014); Werner Busch, Joseph Wright of Derby, *Das Experiment mit der Luftpumpe: Eine heilige Allianz zwischen Wissenschaft und Religion* (Frankfurt am Main: Fischer Taschenbuch), 1986.

10 The self-timed photo booth is a special case.

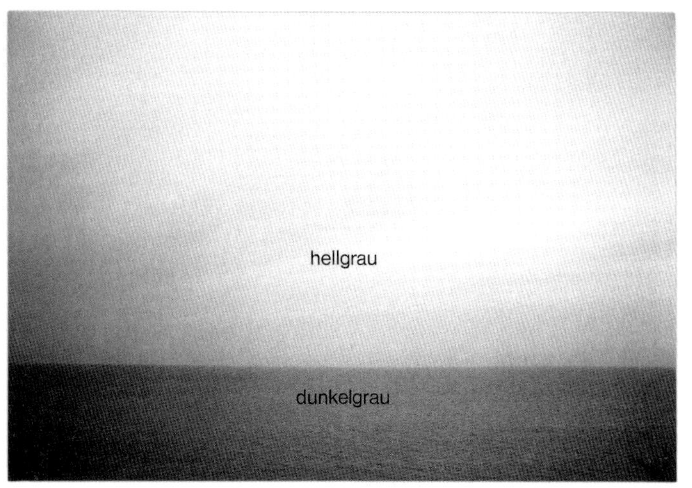
hellgrau
dunkelgrau

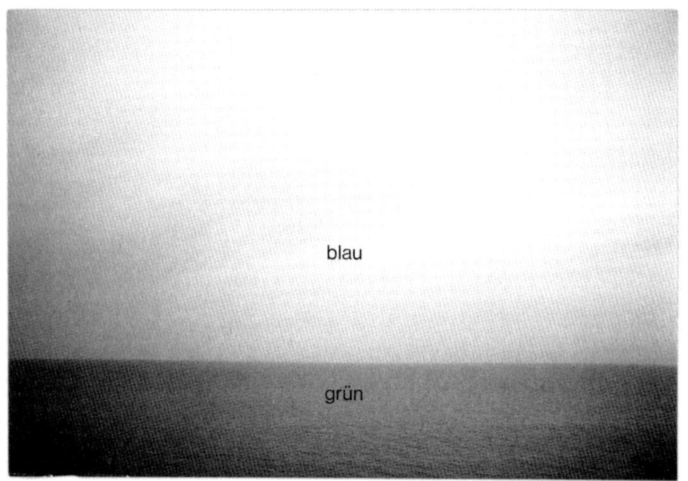
blau
grün

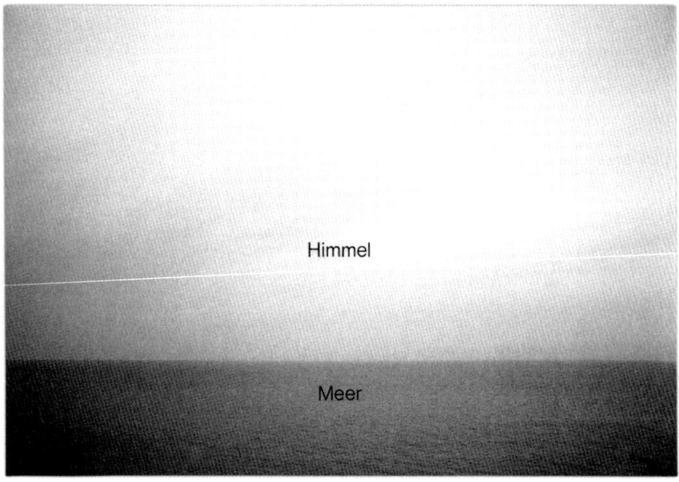
Himmel
Meer

50 Himmel und Meer 1974
[Sky and Sea]
3 s/w-Fotografien, Bromsilbergelatine /
3 b/w photographs, gelatine silver bromide,
Letraset, je / each 145 × 213 mm,
auf Karton / on cardboard

53 Die Kamera vom Bett genommen, das Objektiv eingesetzt und ein Bild gemacht 1974
[The camera taken from the bed, the lens attached and a picture taken]
2 s/w-Fotografien, Bromsilbergelatine /
2 b/w photographs, gelatine silver bromide,
je / each 134 × 197 mm,
auf Karton / on cardboard

55 Selbst, im Spiegel 1972
[Self in the Mirror]
Farb-Polaroid / color Polaroid,
94 × 72 mm, auf Karton / on cardboard

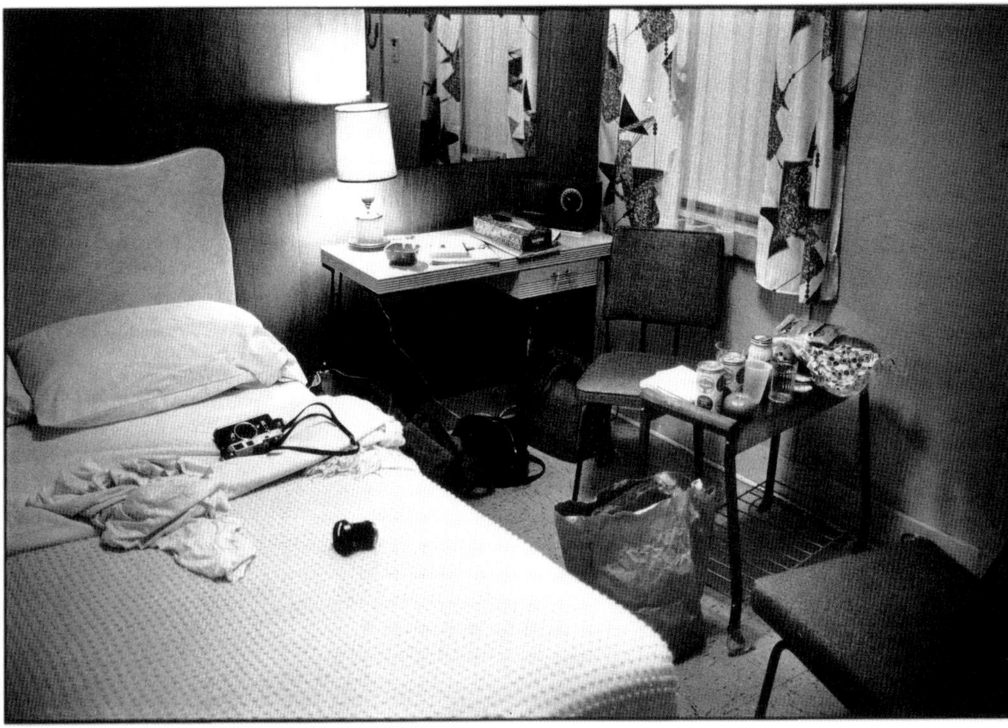

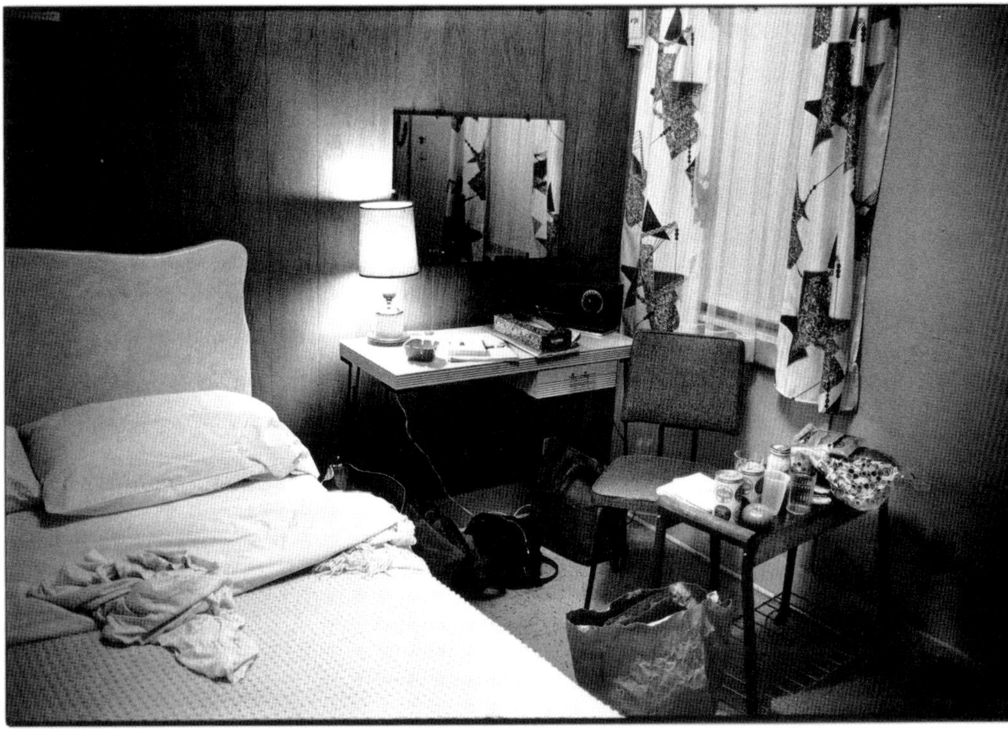

Biografie / Biography

1941 geboren in Tuchel, Westpreußen (Tuchola, Polen) / born in Tuchel, West Prussia (Tuchola, Poland)

1966–1971 Folkwangschule für Gestaltung, Essen / Folkwang School of Design, Essen
Studium der Fotografie bei Otto Steinert / studied photography with Otto Steinert

seit / since 1970
bildjournalistische Arbeiten und freie Projekte / photo journalism and freelance projects

1993–2008 Hochschule für Grafik und Buchkunst Leipzig; Professor für Fotografie / Academy of Visual Arts Leipzig; professor of photography

2008 erhält als erster Fotograf den Lovis-Corinth-Preis
für sein Lebenswerk / the first photographer to receive the Lovis Corinth Prize for his lifetime achievements

lebt und arbeitet in Essen und Berlin / lives and works in Essen and Berlin

Ausgewähltes Ausstellungsverzeichnis Bildanalytische Photographie 1968–1974 / Selected list of exhibitions Image-Analytical Photography 1968–1974

1973 Bildanalytische Photographie, Spectrum Photogalerie Hannover

1974 Bildanalytische Photographie, Kunstverein Hamburg

1985 Sinn-Bilder, CCD Galerie Düsseldorf

1990 Anwesenheit bei Abwesenheit. Fotogramme und die Kunst des 20. Jahrhunderts, Kunsthaus Zürich

2000 Bildanalytische Photographie, Kunstsammlungen Chemnitz

2001 Bildanalytische Photographie, Koordinaten und Neue Arbeiten, Badischer Kunstverein Karlsruhe; Städtische Galerie Bremen

2006 Wenn wir dich nicht sehen, siehst du uns auch nicht, Museum der bildenden Künste, Leipzig (Retrospektive / retrospective)

2007 Wenn wir dich nicht sehen, siehst du uns auch nicht, Sprengel Museum Hannover (Retrospektive / retrospective)

2009 Wenn wir dich nicht sehen, siehst du uns auch nicht, Rheinisches LandesMuseum Bonn (Retrospektive / retrospective)

2011 Bilder aus Berechnung, Museum für Photographie Braunschweig (mit / with Adrian Sauer)

Ausgewählte Literatur Bildanalytische Photographie 1968–1974 / Selected list of bibliography Image-Analytical Photography 1968–1974

Timm Rautert, *Bildanalytische Photographie*, Photogalerie Hannover, 1973 (Ausstellungskatalog / exhibition catalog)

Timm Rautert, *Bildanalytische Photographie*, Kunstverein Hamburg, 1974 (Ausstellungsbroschüre / exhibition brochure)

Timm Rautert, *Portfolio Nr. 1, CCD-Galerie*, mit einem Text von / with a text by Manfred Schmalriede, Düsseldorf / Dusseldorf, 1984 (Editionskassette / edition box)

Timm Rautert, Manfred Schmalriede, Herta Wolf, „Die Bildanalytische Photographie vor dem Hintergrund der heutigen fotografischen Kunstproduktion“, in: Angelika Stepken (Hg. / ed.), *Lesebuch. Badischer Kunstverein 1999–2001*, Karlsruhe: Badischer Kunstverein, 2001, S. / pp. 128–140.

Timm Rautert. *Bildanalytische Photographie 1968–1974*, mit einem Text von / with a text by Herta Wolf, Köln / Cologne: Walther König, 2000.

Timm Rautert, *Rückwirkende Realität. Prinzip Fotografie. Gespräche*, #11 aus der Reihe allaphbed / in the allaphbed series, Julia Blume, Günter Karl Bose (Hg. / ed.), Leipzig: Institut für Buchkunst, 2007.

Steffen Siegel, „Die selbstbewusste Fotografie. Bildgeschichte der Fototheorie seit den 60er Jahren“, in: *Fotogeschichte. Beiträge zur Geschichte und Ästhetik der Fotografie*, Heft / Issue 129, Jahrgang / Volume 33, Marburg: Jonas-Verlag für Kunst u. Literatur, 2013, S. / pp. 17–27.